Copywriting Descomplicado

Victor Palandi

Revisão e Preparação

Vinicius Pacheco

Gerente Editorial

Ariadne Aquino

Projeto Gráfico e Diagramação

Allison Ribeiro

Karolaine Alves

Capa

Karolaine Alves

Dados Internacionais de Catalogação na Publicação (CIP)

Palandi, Victor. P154 Copywriting descomplicado / Victor Palandi. – 2. ed. – São Paulo : [s.n], 2022. 121 p. ; 21 cm. ISBN 978-85-471-0637-9

1. Copywriting.

2. Empreendedorismo – Marketing digital

I. Título. 0722-10

CDD 658.8

Ficha catalográfica elaborada por

Débora Soares Vicente de Santana – Bibliotecária CRB-9/1914

Índice para catálogo sistemático:

1. Marketing 658.8

Sumário

Palavra do Autor

Quando escrevi esse livro, em 2018, mal sabia de tudo o que estaria por vir. Talvez o mais surpreendente tenha sido o meu movimento para o empreendedorismo off-line, com a compra da academia Sport Company, em São Paulo.

Foram muitos momentos de alegria e frustração ao longo dos últimos 6 anos, mas uma coisa nunca mudou: meu amor pelo Copywriting.

Em 2021, eu escrevi meu segundo livro, Partido Persuasão, focado em analisar minuciosamente discursos políticos históricos e mostrar quais são as técnicas de copywriting usadas há tanto tempo para influenciar bilhões de pessoas ao redor do mundo.

Palestrei inúmeras vezes. Ultrapassei a marca de 100 mil alunos em meus cursos online e treinamentos presenciais. Me consolidei como uma das maiores referências em copy no Brasil.

Agora o objetivo é ganhar o Mundo.

Em Outubro de 2023, minha namorada conquistou o emprego que ela tanto sonhou na Alemanha, e assim nos mudamos.

Agora, vivendo em Stuttgart por tempo indeterminado, vou conseguir transmitir minhas ideias, experiências e conhecimentos para toda a Europa.

Esse é só o começo... Espero que aproveite a leitura desta minha obra que se tornou referência no segmento.

E quem sabe possamos trabalhar juntos em mais oportunidades. Deixo minhas informações de contato abaixo:

VICTOR PALANDI

Telefone: +49 176 3176-0341

E-mail: victorpalandi@gmail.com

Entre em contato comigo para ideias, sugestões, críticas ou o que desejar. Também estou disponível para realizar palestras, consultorias e mentorias.

Boa leitura!

Dedicatória

Lançar este livro é uma grande honra e felicidade para mim.

Dar a oportunidade de mais pessoas conhecerem Copywriting muito me alegra. E para chegar até aqui, tive de me esforçar muito.

Não conseguiria atingir metade do que conquistei em minha vida sem o apoio e ajuda dos meus pais: Luiz e Claudia.

Minha irmã, Michelle, com toda a sua alegria e energia, também me motiva a continuar em frente.

Poderia citar diversos outros nomes que me foram importantes nesta trajetória, mas certamente esqueceria de alguns, e isso não é justo.

Então, deixo a presente dedicatória para essas três figuras tão importantes da minha vida. E quem é parte da minha vida sabe o quanto sou grato pela existência de cada um também.

Prefácio

Criar conteúdo atrativo que tem poder de persuadir não é simples. Conquistar audiência e transformar leitores em fás requer conhecimento e aplicação de uma série de técnicas. É nesse assunto que Victor Palandi é um especialista.

Como amigo e admirador do trabalho dele, posso afirmar que você encontrará nas próximas páginas uma série de técnicas e estratégias que vão ajudar a aumentar sua conversão, e mais: aprenderá a se comunicar bem, o que pode te ajudar a melhorar suas relações pessoais e profissionais.

Tirar a ideia da imaginação e passar para o papel é um talento do Victor. Com mais de 10 anos de experiência em copywriting, é um redator de sucesso e referência nesse mercado.

Sua pouca idade causa surpresa para muitos, quando revela o tamanho do seu conhecimento, isso porque, desde cedo, se empenhou a aprender e compartilhar informações.

No primeiro dia em que inaugurei a empresa Monetizze, plataforma para afiliados e produtores, Victor foi um dos primeiros produtores de conteúdo no negócio. Daí, desde o início viu seu conhecimento gerar receita. Eu fico feliz ao ver todas as suas conquistas como este livro, o primeiro publicado no Brasil sobre copywriting.

Victor ensina, com uma abordagem prática e fácil, como o uso das palavras certas gera valor e leva a alcançar objetivos em uma comunicação, seja no campo profissional, pessoal ou acadêmico.

Cada capítulo a seguir vai trazer informações suficientes para o leitor escrever textos atrativos e que prendem a atenção, ao mesmo tempo em que atingem resultados, podendo aumentar vendas ou estreitar relacionamentos.

Os conhecimentos compartilhados aqui podem ser aplicados em diversas situações em nossas vidas. Após começar a praticar as técnicas de copywriting você comprovará que se comunicar de forma persuasiva gera valor, traz credibilidade e proximidade com o seu leitor.

Com a comunicação certa para o público certo, o resultado positivo será uma consequência.

MÁRCIO MOTTA

CEO DO GRUPO MONETIZZE

Introdução

Estamos passando por momentos de intensa mudança no Mundo.

Empresas não querem funcionários para bater ponto. Ou seja, políticas de horário flexível vêm ganhando força e não é incomum encontrar salas com mesa de pebolim.

Porém, existe uma cobrança: por resultados. Querem ver avanços concretos por parte da equipe.

Copywriting, o tema central desse livro, vai ao encontro dessa nova realidade. Comunicação, por si só, não leva a lugar nenhum. É preciso persuadir. Gerar convencimento. Levar a conversões. Com isso, estamos, cada vez mais, quebrando o paradigma de pagar uma pessoa pelo tempo que leva ao fazer determinado serviço. Estamos, sim, premiando pelo o que é capaz de trazer de resultado.

Um copywriter freelancer pode ganhar R$ 5 mil por um texto curto, tranquilamente; isso se tal profissional gerar vendas que tragam o retorno esperado pelo cliente.

Com isso, as áreas do jornalismo, marketing e publicidade estão vendo toda essa transformação passar diante de seus olhos, e poucos estão tomando uma atitude.

Jornalistas estão ficando desempregados, sendo substituídos por pessoas, às vezes, sem formação, como eu.

O mercado atual, cada vez mais, olha menos para diplomas e mais para qualificações.

COPYWRITING DESCOMPLICADO

Qualquer pessoa pode aprender copywriting, aplicar e ver resultados rapidamente. Os melhores copywriters que conheço variam desde vendedores até profissionais da área da saúde.

E você vai ter, neste livro, a possibilidade de compreender esta habilidade e usar na sua vida profissional, pessoal e acadêmica, seja qual for sua área de dedicação e estudos.

Ao fim da leitura, certamente, estará muito mais preparado para persuadir pela comunicação, gerando resultados à sua empresa ou às empresas com as quais venha a trabalhar.

APRECE A LEITURA!

O que é Copywriting

Parte 1

O QUE É COPYWRITING?

APRESENTANDO O CONCEITO

SEMPRE QUE EXPLICO o que é Copywriting, muitas pessoas me dizem: "Uau, não sabia que era esse o nome!".

Em poucas palavras: trata-se da arte de persuadir por meio de palavras, usando técnicas específicas que leva qualquer pessoa a tomar a atitude que você deseja.

Portanto, gosto de chamar copywriting de "comunicação persuasiva", já que fica mais fácil de entender.

Nos Estados Unidos, esse já é um conceito muito forte e consolidado. Empresas procuram copywriters em sites de recrutamento, sabendo o que esses profissionais vão exercer e para quais finalidades vão precisar.

No Brasil, ainda muito se confunde com jornalismo, publicidade e marketing. A verdade é que Copywriting é um pouco de tudo isso.

Você precisa ter um pouco da habilidade de comunicação que jornalismo ensina; a capacidade de promover algum produto ou serviço, como vemos em publicidade; e a inteligência de atrair a atenção e o interesse tal qual aprendemos em Marketing.

E justamente por ser uma combinação tão poderosa é que os resultados também são imensos. Copywriting é um divisor de águas na vida de uma pequena empresa ou profissional liberal por dois motivos:

1- É EXTREMAMENTE FÁCIL DE APLICAR!

POR SE TRATAR APENAS do uso correto de palavras e estratégias de persuasão, não é necessário contratar novos funcionários, comprar máquinas ou algo do tipo.

2 – OPORTUNIDADE DE LUCRAR ALTO MESMO COM POUCO CAPITAL

EM BRIGA DE DINHEIRO, vai ganhar a empresa que tiver mais grana. Agora, usando Copywriting, é possível ter mais resultados com menos investimentos.

Vamos pegar de exemplo o treinamento "Queima de 48 Horas", ou "Q48". Foi um verdadeiro fenômeno em vendas no Brasil, alcançando um faturamento de múltiplos oito dígitos pela internet.

O Vinícius Possebon, desenvolvedor do produto, é uma pessoa comum, que decidiu lançar um treinamento on-line de emagrecimento.

Graças ao uso das técnicas de Copywriting, foi atraindo mais e mais clientes. Por meio das palavras, convenceu dezenas de milhares de pessoas a adquirir o seu produto.

Se ele fosse lutar contra a concorrência (outros produtos de emagrecimento) apenas com dinheiro, gastaria muito mais e teria taxas de conversão menores.

Por exemplo, um anúncio na televisão poderia custar R$ 500 mil por 30 segundos. Inviável!

Ele bateu os concorrentes com o seu poder de persuasão, mostrando às pessoas que o Q48 era a melhor solução para elas.

Então, quero te levar a uma reflexão:

E se você pudesse aumentar as suas vendas com o mesmo nível de esforço que emprega hoje?

Veja comigo: vamos supor que sua taxa de conversão seja de 1%. Então, para cada 1.000 visitantes, 10 pessoas compram um produto de R$ 1.000.

Alterando algumas palavras, tornando a comunicação mais persuasiva, de um dia para o outro, você pode passar a ter 1.1% de taxa de conversão.

SEM MEXER NO QUADRO DE FUNCIONÁRIOS. SEM AUMENTAR A VERBA EM ANÚNCIOS.

Então, a cada 1.000 visitantes, você estará vendendo para 11 pessoas. Em um ano, se o seu faturamento é de R$ 200 mil, ele passa a ser R$ 220 mil simplesmente porque você mudou algumas palavras.

E estou sendo bastante conservador.

Em alguns casos, a taxa de conversão dobra simplesmente por mudar a ordem das informações na página de vendas do produto.

Os resultados são rápidos. Não é preciso investir nada a mais. E ao fim dessa leitura, você poderá ganhar mais dinheiro rapidamente.

PERSUASÃO VS. MANIPULAÇÃO

QUEM TEM CONTATO, PELA primeira vez, com o termo Copywriting pode acabar achando que se trata de algo antiético ou errado.

Isso está longe de ser verdade.

O que nós, copywriters, usamos são técnicas de persuasão. Veja a definição de "persuasão" a seguir pelo Dicionário Aurélio:

"Levar o convencimento ao ânimo de alguém."

Então, o que nós fazemos é usar da comunicação, por meio de argumentos, para expor nosso ponto de vista e trazer a pessoa para o nosso lado.

Não há nada de errado com isso. Afinal, somos persuasivos todos os dias.

Imagine que seu pai precise ir ao médico fazer exames, mas é teimoso e não quer sair de casa.

Provavelmente, você usará comunicação persuasiva para convencê-lo a entrar no carro e ir ao hospital.

"Sabe a sua neta? Então, ela está na barriga da minha mulher e seria ótimo se ela conhecesse o avô. Porém, se você não for ao hospital, a qualquer momento pode ter um infarto e morrer. Faça isso por ela, vamos lá."

Esse é um exemplo de argumento com base em técnicas de Copywriting. Ficou bem persuasivo, não é mesmo?

Agora, manipulação é totalmente errado e o oposto do que vou ensinar ao longo deste livro.

Manipulação é "um conjunto de ações desonestas altamente agressivas, destinadas a fazer com que alguém mude sua crença ou seu comportamento para beneficiar o manipulador." (ZUKER, 1993, p. 70).

Perceba como o resultado tende a não ser bom para a pessoa. Ou seja, o famoso "golpe baixo".

A verdade é que Copywriting apenas faz com que a pessoa tome uma atitude que já deseja, mesmo que inconscientemente.

Por exemplo, no caso do pai que não quer ir ao hospital, provavelmente ele queira ir, mas tenha algumas ressalvas.

"Será que vão me internar? Será que vou ter que tomar um monte de remédio? Será que tenho dinheiro?".

Perceba que ele quer ir ao hospital, mas não vai por conta de obstáculos, ou, como costumamos chamar, objeções.

Então, enquanto a manipulação faz com que você brinque com a pessoa para que ela tome alguma atitude que não queira, a persuasão apenas faz com que realize aquilo que já quer.

Claro que podemos ser bem agressivos, mas, ainda assim, apenas vendemos para quem quer comprar.

COPY MOTIVATORS

PORTANTO, NÃO DEVEMOS manipular as pessoas, mas buscar motivações internas para que tomem alguma determinada atitude que você deseja.

Eu costumo dar exemplo de vendas, mas copy pode ser aplicada para outros fins:

- Conseguir ligações;

- Aumentar lista de contatos;

- Diminuir número de cancelamentos;

Entre outros. Resumindo: tudo que envolver algum tipo de ação.

E veja que interessante...

Não importa o que seja, nossa tomada de decisão é baseada em 21 motivadores, conhecidos por Copy Motivators.

Cada produto, serviço ou oferta ativa um motivador diferente. Às vezes, se você deseja ganhar tempo, compra um aplicativo de produtividade; outras vezes, quer um blazer chique, somente para se sentir importante.

É essencial que se identifique o Copy Motivator que mais está ligado ao que você está promovendo.

VAMOS CONHECER CADA UM DELES ABAIXO!

1. SER ACEITO

QUERENDO OU NÃO, BUSCAMOS ser aceitos em algum ambiente, ou por um conjunto de pessoas. Alguns querem ser aceitos em casa, pelos pais; outros entram em clubes de motoqueiros; outros entram em torcida organizada; e assim por diante.

De toda forma, vivemos em comunidade, e muitas atitudes nossas podem ser para nos encaixarmos melhor e nos sentirmos mais aceitos no mundo.

2. SER APRECIADO

NÓS QUEREMOS QUE AS pessoas gostem de nós. Mesmo aqueles que dizem que não ligam para isso, em algum momento querem se sentir apreciadas, nem que seja pelo pai, mãe ou filho.

Sabe os filmes de Hollywood em que o policial chega ao escritório com uma caixa de donuts? Aquilo é claramente uma atitude motivada pelo desejo de ser apreciado pelos companheiros de trabalho.

3. SENTIR-SE BEM

NENHUMA SURPRESA... tomamos certas atitudes só para nos sentirmos bem. Nem sempre é a ideal ou a melhor de todas as decisões, mas queremos estar em sintonia conosco mesmos.

Então, em uma Copy, podemos trabalhar esse lado, mesmo que mais individualista, extremamente importante e até mesmo essencial à vida humana.

4. SENTIR-SE IMPORTANTE

QUEM NUNCA TEVE UM vizinho que financiou um carro novo em 60x apenas para andar em uma máquina potente?

Racionalmente, ele não precisava do carro. Afinal, um Fiat Uno faria o trabalho de locomoção.

Porém, neste exemplo, trata-se de mais que um carro; é a sensação de sentir-se important.

"Sou O Cara", ele pode pensar.

Podemos refletir em muitos outros exemplos... Terno e gravata passam uma sensação similar em alguns ambientes também.

Fila VIP, pista Premium... Tudo artifício para que o cliente se sinta privilegiado.

5. GANHAR DINHEIRO

NEM PRECISO ME ESTENDER, certo? Muitas atitudes são tomadas para ganhar mais dinheiro.

Esse é o motivador principal utilizado por empresas de Marketing Multinível.

Em um país como o Brasil em que o salário médio é R$ 2.000 e tudo custa uma fortuna, a necessidade de ganhar dinheiro é gigante.

E usar esse motivador em sua comunicação, certamente renderá bons frutos.

6. ECONOMIZAR DINHEIRO

VOU DAR MAIS UM EXEMPLO na prática... Quando você vai comprar lâmpadas para a sua casa, o que costuma olhar?

Provavelmente, a que mais chama a atenção é a que está escrito:

"Economia de energia", correto? "Oba, vou gastar menos luz! " Está aí mais um ótimo motivador.

Tudo que nos faz economizar dinheiro tende também a nos motivar a adquirir.

Recentemente, um amigo lançou uma ferramenta analítica capaz de fazer o que 3 pessoas fazem.

Portanto, a ferramenta tem um ótimo apelo: fazer o cliente economizar muito dinheiro na folha de pagamento.

7. ECONOMIZAR TEMPO

O ÚNICO BEM QUE NÃO podemos comprar: tempo. Logo, é algo extremamente valioso.

Tudo o que pode nos dar mais tempo chama a nossa atenção.

Então, se o que você vende ou oferece tem esse apelo, não deixe de usar, porque é um argumento bem poderoso.

Na Disney, eu me lembro de ter comprado um passe livre de filas, para entrar nos brinquedos sem perder tempo esperando. Com isso, tive mais diversão!

8. FACILITAR ALGUM TRABALHO

CERTA VEZ, MEU PNEU furou. Para trocar, eu tive que pegar a chave de roda, o macaco e perder um bom tempo lá, sujando minhas mãos e me cansando.

Cheguei na borracharia, e fizeram o que eu fiz em menos de 1 minuto. Como? Tinham ferramentas que facilitavam o trabalho.

Imagine se a borracharia tivesse que tirar pneu de caminhão no braço? Seria extremamente exaustivo.

Então, sem pensar duas vezes, toda borracharia adquire as ferramentas que facilitam a execução de suas atividades diárias.

Se você tiver algum produto ou serviço que deixa a vida de alguém mais fácil, use e abuse desse diferencial na copy.

Outro exemplo clássico é a Polishop, com aqueles vídeos incríveis:

"Limpe o sofá em minutos. É só passar um

vaporizador, e toda sujeira sai. "

Todo produto Polishop promete facilitar o trabalho, por isso vende tanto!

9. GANHAR SEGURANÇA

EU ME LEMBRO DE QUANDO o Volkswagen Up! chegou ao mercado. O chamariz do carro era:

"O carro mais seguro do Brasil"

E muita gente comprou por esse motivo. Nenhuma novidade, afinal, esse é um dos principais motivadores em nossas decisões.

Veja o quanto de dinheiro que está na poupança... A população vê esse investimento como o mais seguro de todos. Não é o mais rentável. Não é o melhor lugar. Porém, é, em teoria, seguro, e isso basta. Outro exemplo é concurso público. Milhões de pessoas se submetem a provas de concurso todos os anos, na esperança de conseguir um trabalho que traga segurança e estabilidade.

10.FICAR ATRAENTE / SEXY

ESTE MOTIVADOR, EM específico, movimenta uma série de indústrias totalmente diferentes.

Roupas, suplementos alimentares, redes de academia, concessionárias... afinal:

- Peças de roupa bonitas nos deixam atraentes;

- Ficar forte e sarado nos deixa sexy;

- Carrões também atraem as pessoas;

E por aí vai! Estou falando do senso comum aqui, ok? Mesmo que não concorde, esse é o pensamento popular. Uma indústria que tenta se aproveitar desse Copy Motivator é a de perfumes.

Veja como eles fazem a propaganda... Pessoas se sentindo atraídas pelo cheiro do outro.

11. MAIS CONFORTO

FICAR CONFORTÁVEL É o desejo de todos nós.

Confortável na roupa, no carro, em casa, em uma viagem, em um relacionamento... Nós buscamos e batalhamos por conforto.

Então, como você pode usar esse motivador em seu favor? Pense em como o seu produto traz conforto para o seu cliente. Às vezes, pode ser de forma indireta.

Você trabalha com investimentos. Investimentos geram lucro. Lucro traz conforto. Logo, investimento permite maior conforto. Captou a ideia?

12. SER DIFERENTE

O DESEJO DE SER DIFERENTE também é comum no ser humano. Por isso, sempre estamos inventando.

Nós nos sentimos bem em sermos distintos. Por exemplo, quando eu comprei o meu primeiro carro, não era comum.

Era uma cópia chinesa do Mini Cooper. Lindinho. Eu quis fazer diferente, fugir do padrão Fiat-Volkswagen-Ford-Renault. Me arrependi (amargamente), mas o que me motivou na compra foi o design diferente do padrão.

13. SER FELIZ

BUSCAMOS A FELICIDADE também, e esse motivador é bem interessante.

Ao contrário do que muitas pessoas pensam, ele não é tão poderoso assim. Afinal de contas, nós conseguimos abrir mão de felicidade em nossas vidas.

Por exemplo, no geral, as pessoas preferem ser aceitas do que ser felizes. Ainda assim, dá para usar bastante disso no Copywriting. É o caso de viagens.

Toda viagem traz imagens de pessoas muito contentes, curtindo como se não tivessem boletos para pagar.

14. MAIS DIVERSÃO

JUNTO COM FELICIDADE vem o desejo de nos divertirmos mais. Existe uma empresa no mundo que é referência nisso: Disney.

Se você pensa em Orlando, pensa em diversão sem fim.

Suíça pode te deixar feliz, mas não conseguiria te divertir tanto quanto o Magic Kingdom.

Nem todo produto tem como apelar para diversão; portanto, deixe na manga este motivador, caso seu produto não se encaixe aqui neste momento.

15. MAIS CONHECIMENTO

LIVROS, DOCUMENTÁRIOS, palestras, eventos... tudo acaba por usar o apelo do conhecimento.

Eu, particularmente, não acho que seja um forte motivador. Acredito que questões mais emocionais sejam muito mais poderosas como veremos ao longo dos próximos capítulos.

Porém, ainda assim, pode ser muito bem trabalhado em sua comunicação persuasiva para potencializar seus resultados.

16. SER SAUDÁVEL

NÓS BUSCAMOS MAIS SAÚDE em nossas vidas. Nem sempre é prioridade, mas damos um pouco de atenção quando ficamos preocupados.

"Victor, se ser saudável é um motivador, por que tanta gente não cuida da saúde?"

Ótima pergunta! Simples: não veem necessidade, acham que é frescura ou não dão a atenção devida.

Nós deixamos para ir à academia quando já estamos com sobrepeso, não é? Melhoramos a alimentação quando as taxas já estão descontroladas. Ficamos preocupados tarde demais. Esse é um erro comum do ser humano em geral.

Daí, acaba que nos acomodamos. Por isso, quando surge um suplemento alimentar prometendo resultados rápidos, compramos! Porque queremos cuidar da saúde (pelo caminho mais fácil).

17. SACIAR A CURIOSIDADE

NÓS FALAREMOS DE GATILHOS Mentais no quarto capítulo, mas adianto que Curiosidade é um dos mais fortes.

E muitas ações que tomamos é por querermos saciar essa curiosidade.

Assistir a um filme, ver uma série, ler horóscopo... todos esses são exemplos de atitudes que tomamos por curiosidade.

Quer um exemplo maior do que Big Brother Brasil?

Os assinantes ficam tão curiosos para saber o que rola na casa mais espiada do Brasil que chegam a pagar uma mensalidade para ter acesso 24 horas a ela.

18. MAIS CONVENIÊNCIA

LEMBRA DO CONFORTO? Esse motivador anda de mãos dadas com ele.

Um exemplo de empresa que usa o poder da conveniência é a Wine, clube de vinhos.

Você assina, especialistas escolhem duas garrafas de vinho para você e elas chegam na sua casa.

Sem esforço nenhum, nem para escolher nem para comprar. Máxima conveniência!

Pense agora em outras empresas... Existem muitas que trazem comodidade ao nosso dia a dia.

19. ALIMENTAR A GANÂNCIA

POR MAIS QUE REJEITEMOS, somos animais gananciosos. Alguns mais, outros menos, mas todos temos um pouco de ganância.

O que acontece é que tentamos controlar por sabermos que não é algo bom para nossas vidas.

Porém, como copywriters, podemos trazer isso à tona.

Olhe para os políticos...

Eles desviam milhões de reais, estão com as contas cheias, mas não largam o poder, buscam sempre mais dinheiro.

Continuam fazendo coisas erradas sem necessidade nenhuma, apenas porque são orgulhosos e gananciosos.

20. ELIMINAR A CULPA

ESTE É UM DOS MEUS preferidos. Sentir-se culpado consome nossa alma, não é?

Um pai que não consegue colocar a comida na mesa e deixa o filho passando fome, dorme todas as noites definhando por uma culpa sem fim.

"Não sou um bom pai. Não sou um bom marido. Não estou protegendo e dando o conforto que minha família merece".

Portanto, muitas decisões que tomamos são para eliminar a culpa que estamos sentindo. Isso é extremamente poderoso em um argumento de vendas como veremos em breve.

21. ELIMINAR O MEDO

POR FIM, PARA FECHAR com chave de ouro, o Copy Motivator mais poderoso de todos: o medo.

Medo de perder. Medo de morrer. Medo de falar em público.

Nós somos movidos pelo medo. Logo, toda comunicação que traz como objetivo eliminar tal incômodo tem um poder gigantesco de persuasão.

É o caso do seguro de carro.

O medo de ser roubado ou de dar PT no automóvel faz com que paguemos um valor anual para dormirmos mais tranquilos.

Gostou de conhecer os Copy Motivators? Serão importantes para o que está por vir neste livro.

Agora, vamos a um exemplo, na prática, um produto que todos conhecem: Volvo XC60

Sentir-se aceito: ter um carro faz parte do kit "ser aceito pela sociedade", mesmo que de modo inconsciente;

Sentir-se apreciado: "Uau, você tem um Volvo XC60". Gera uma grande admiração, não é mesmo?

Sentir-se bem: quem não vai se sentir bem em um SUV da Volvo?!

Sentir-se importante: o XC60 2018, em sua versão mais básica, custa R$ 400 mil, ou seja, passa a sensação de a pessoa ser importante;

Economizar dinheiro: o motor tem um bom consumo, ainda mais se levar em conta o seu peso de quase duas toneladas;

Facilitar o trabalho: não importa a distância ou o trânsito, o trabalho de dirigir será mais tranquilo graças ao painel completo, câmbio automático e outras tecnologias;

Segurança: esse é um dos carros mais seguros do mundo;

Atraente / Sexy: o motorista pode não assumir, mas certamente ele vai se sentir O Cara com o vidro abaixado e o cotovelo apoiado na porta do carro;

Conforto: banco de couro, ar-condicionado e uma série de opções do automóvel tornam a experiência a mais confortável possível;

Ser diferente: quantas pessoas têm um Volvo XC60 no Brasil? Poucas... Certamente a pessoa se sentirá mais única;

Feliz: não tenho dúvidas de que o motorista do Volvo estará mais feliz do que o motorista de um Gol bolinha!

Divertido: perceba que toda propaganda de carro mostra diversão, aventura, lugares bonitos...

Curiosidade: aposto que você já se perguntou como é dirigir um carro de cerca de R$ 400 mil!

Medo: tem medo de sofrer um acidente? Tranquilo, o Volvo XC60 é um dos carros mais seguros do mercado!

Perceba quantos motivadores existem em um carro! Na verdade, tais diferenciais estão presentes em qualquer produto! Dei um exemplo rápido para você perceber quantas emoções são geradas em cada tomada de decisão e processo de compra.

QUERO TE PROPOR UM EXERCICIO

Pegue um produto ou serviço de sua escolha e encaixe nesses Copy Motivators.

Você pode usar Culpa em seu favor? Apreciação? Curiosidade? Ou prefere Segurança? Medo? Felicidade? Faça essa brincadeira e vamos lá, continuar nossa jornada de Copywriting!

TRIÂNGULO DA KOPY

AO LONGO DE TODOS ESSES anos trabalhando com Copywriting, tenho popularizado um framework que desenvolvi chamado Triângulo da Kopy.

Eu percebi que todo produto de sucesso tem uma oferta que se encaixa neste Triângulo.

É formado por três pilares:

FÁCIL - SIMPLES -RÁPIDO

Lembre-se: todo produto sucesso em vendas preenche o Triângulo da Kopy. Vamos entender cada um dos pilares!

1º PILAR - FÁCIL

TODOS NÓS SEMPRE BUSCAMOS o caminho mais fácil para resolver qualquer problema.

Queremos emagrecer? Buscamos o jeito mais fácil. Ficar rico? Queremos do jeito mais fácil. Conseguir um namorado ou namorada? Procuramos pelo jeito mais fácil. E não há nada de errado com isso. É da natureza humana.

Por qual motivo vamos buscar sofrimento se podemos alcançar alguma vitória de um jeito fácil?

Porém, isso abre margem para pessoas mal-intencionadas enganarem os outros.

Por exemplo, pirâmides financeiras. Eles tentam mostrar que é fácil enriquecer. "Você só precisa convidar pessoas!".

Mas veja eletrodomésticos... Espremedor de limão faz sucesso porque é muito mais fácil do que espremer com a mão.

Agências de viagem fazem sucesso porque é muito mais fácil fechar um pacote com eles do que reservar passagem, hotel e passeios, tudo separadamente.

E assim por diante!

2º PILAR - RÁPIDO

OUTRO FATOR QUE SEMPRE buscamos é rapidez.

Rapidez na entrega. Rapidez nos resultados. Rapidez na resolução de problemas.

Ninguém quer levar um ano para emagrecer...Todos preferem ter resultados em 1 semana.

Ninguém quer esperar 50 anos para ficar milionário... Todos preferem enriquecer em 5 meses.

Fast-foods não são bilionários à toa; prato de comida rápido na frente do consumidor. É o que a maioria busca.

Em uma sociedade que cada dia luta por mais tempo, a procura por rapidez acabou se tornando um dos pontos principais nas buscas do dia a dia.

3º PILAR - SIMPLES

POR FIM, TODOS QUEREMOS o máximo de simplicidade possível nas tarefas e na rotina.

Isso significa que quanto menos complicações ou obstáculos você colocar em uma oferta, mais interessante vai ficar.

Por exemplo, por que as pessoas usam dietas de revistas em vez de dieta de nutricionista?

Porque as de revista são mais simples. "Coma à vontade", "Dieta da Sopa é só comer sopa"...

Agora, nutricionista diz: "Coma legume refogado". Isso não é simples. Precisa comprar legumes, aprender a preparar, saber refogar, lavar louça... Tudo isso complica o processo.

Além disso, muitas vezes é preciso pesar os alimentos que a profissional passa. E isso deixa mais difícil ainda.

Quanto mais simples for, melhor e mais atrativa fica a oferta.

Sempre que for criar alguma proposta, oferta ou produto, pense que as pessoas buscam facilidade, rapidez e simplicidade.

Se o seu produto não se encaixar no Triângulo da Kopy, repense. Mude alguns pontos, alguns detalhes, de modo que seja um sucesso entre o seu público.

ONDE USAR COPYWRITING?

AGORA VOCÊ PODE ESTAR pensando como aplicar o que está aprendendo e o que vai vir a aprender neste livro.

A verdade é que Copywriting se aplica em qualquer momento, para qualquer situação e qualquer objetivo.

Afinal, estamos falando de palavras. Então uma simples fala pode usar copy; um artigo em um blog; ou, então, um livro como esse.

Pegue o Triângulo da Kopy de exemplo...

Vamos supor que você vá fazer uma palestra e esteja na dúvida sobre o tema.

Pense em algo que as pessoas possam aprender com facilidade, rapidez e de maneira simples.

E o que vai fazer com que prestem atenção? Copy Motivators!

Na palestra, traga à tona assuntos que façam a pessoa economizar dinheiro ou eliminar um medo, como vimos nas últimas páginas.

"Victor, eu quero vender um creme antirrugas".

Então, foque na oferta: tem que ser fácil de entender, trazer resultados rápidos e ser simples de usar.

Além disso, pode usar diversos Copy Motivators:

- Economizar dinheiro: compre apenas o creme e pare de gastar com tratamento caros;

- Medo: não deixe a idade chegar, não fique com rosto cansado";

- Tornar-se atraente: fique lindona sem rugas; E assim por diante!

Você deve ter reparado, até aqui, que Copywriting é mais do que simplesmente usar "palavras hipnóticas" ou algo do tipo como muita gente pensa.

Pode ser aplicado em qualquer situação e está presente em nossas vidas. É mais do que comprovado que funciona e que traz resultados.

Neste livro, você está tendo acesso a todas essas informações para usar também (com sabedoria) e ver mais resultados no campo profissional, pessoal e acadêmico.

Eu uso Copywriting todos os dias, mesmo sem perceber. Tornou-se um hábito para mim.

Tenho certeza de que, nos próximos capítulos, você ficará encantado com o quanto sua vida pode se transformar, somente como consequência do fato de você se comunicar de forma persuasiva.

Vamos entender agora mais alguns pontos essenciais de copy.

CONTINUE COMIGO!

COPYWRITING É DESCOMPLICAR!

UM DOS PRINCIPAIS OBJETIVOS de toda copy é "pegar algo complicado e tornar simples".

Quanto mais fácil de entender for, maiores serão os resultados.

Vamos pegar um exemplo real... Analisaram 30 mil palavras ditas pelo Donald Trump e descobriram que o vocabulário dele se encaixa em um nível de criança de 8 anos.

Estamos falando de um empresário bilionário, extremamente inteligente. Será que Trump fala assim por ser semianalfabeto? Não!

É porque, quanto mais básica for a comunicação, mais fácil será para o receptor entender. Portanto, esqueça o mito de que falar de um jeito complicado aumenta "autoridade" e faz as pessoas confiarem mais. Isso é balela.

Foque em descomplicar as informações de modo que qualquer pessoa possa te entender.

Um ótimo exemplo de quem faz isso no Brasil é a Empiricus, empresa de publicações financeiras. A marca consegue traduzir informações complicadas de investimentos para uma linguagem que qualquer leigo entenda.

E é por esse motivo que milhões de pessoas estão em sua lista de e-mails, acompanhando sua newsletter.

COPYWRITING É TIRAR A PESSOA DO PILOTO AUTOMÁTICO!

OUTRO OBJETIVO DO COPY é sempre mexer com a pessoa que está lendo ou ouvindo sua mensagem, de forma que não siga um mesmo padrão.

Quando estamos em uma palestra de alguém que não é experiente, podemos perceber claramente como a condução é linear.

Mesmo tom de voz, mesmas informações... Sem novidades, sem emoção. Começa a dar sono.

O mesmo acontece na leitura de algum artigo chato. Quando nos damos conta, estamos pensando na viagem de fim de ano e até nos esquecemos o que estamos lendo.

Por isso, Copywriting deve trazer intensidade. Alterar as bases em que a pessoa se encontra.

Uma das formas é sempre direcionando a comunicação para "você". Em inglês, chamamos de "You-Oriented".

Trata-se de trazer o ouvinte ou leitor para mais próximo, conversando diretamente com ele.

Mesmo que milhares de pessoas estejam lendo ou ouvindo, o processamento das informações na cabeça é individual, então, falar "você" e sempre no singular, conecta bastante.

Outra forma é apresentando informações chocantes. No quarto capítulo, falaremos sobre dor e prazer, uma das informações mais importantes para quem usa copy.

Um exemplo disso é dizer: "Você se parece mais com o Bolsonaro do que imagina!".

Algumas pessoas vão gostar, outras vão se ofender, mas de uma maneira ou de outra, isso vai chamar a atenção e quebrar o "piloto automático".

O gatilho da curiosidade (sobre o qual falaremos no mesmo capítulo 4) será ativado, e enquanto não entender o motivo da comparação, não vai sossegar.

"Victor, em qualquer nicho dá para fazer isso?" Sem dúvida nenhuma! Saia do padrão, do lugar comum. Invente, seja autêntico e aumente o interesse das pessoas por você.

COPYWRITING DEVE GERAR FLUIDEZ!

VOCÊ SABE QUAL É O propósito de uma sentença? Fazer o leitor/ouvinte ir para a próxima sentença.

E assim por diante.

O objetivo é levar a pessoa do início ao fim de um texto ou vídeo. Isso apenas é possível, quando o conteúdo é interessante para ela.

Não somente isso, mas também quando a escrita se utiliza das técnicas de Copywriting que continuaremos vendo nos próximos capítulos. Então, parágrafos curtos sempre tendem a ser a melhor escolha. Não se alongue demais. Não se estenda.

Copywriters americanos estipularam que uma frase não deve ter mais de 34 palavras. E o ideal é que mantenha algo em torno de 15 palavras. Veja as frases deste livro. Todas são curtas, porque facilitam a leitura e também mantém a fluidez. Não cansa. Fica dinâmico.

Isso ajuda, e muito, a tornar a experiência do leitor mais divertida.

COPYWRITING É DEIXAR AS COISAS MAIS INTERESSANTES

MUITAS EMPRESAS FALHAM por não vender algo legal, interessante e chamativo.

Por exemplo, alguns cursos de idiomas vendem a ideia de que você vai aprender vocabulário mais rapidamente.

Mas, o fato é que... ninguém quer aprender vocabulário. Isso é chato.

O que as pessoas querem é aprender a falar para fazer intercâmbio. Viajar. Curtir novas experiências.

Agora sim ficou mais interessante!

Mesmo que o objetivo programático seja o mesmo (ensinar vocabulário), a forma como apresenta "o produto" faz toda a diferença.

Veja quantas pessoas compram notebooks caros ou celulares de ponta e não usam tudo o que o hardware tem a oferecer.

Elas compraram por motivos de status, em muitos casos, porque o produto se tornou interessante aos seus olhos. E o "melhor" notebook não vende, já que não é tão atrativo.

Lembre-se: qualidade de um produto não dita seu sucesso. Qualidade de produto é importante para índice de satisfação, diminuição de reembolso, mas não impacta de maneira tão decisiva na venda. Venda é copywriting. Marketing.

Depois que a pessoa compra é que descobre se o produto é bom ou não. Por isso, tantos profissionais reclamam: "Eu sou melhor e mais estudado que o Fulano, e não tenho tantos clientes". O Fulano se vende melhor, e isso faz com que ele tenha uma carteira cheia de compradores.

Quando você torna o seu produto ou serviço mais interessante aos olhos do seu público, alcança níveis mais altos de conversão e desejo.

Para fechar, quero te perguntar: você se hospedaria em uma favela no Rio de Janeiro?

Provavelmente, não...

Mas o Mirante do Arvrão é um dos hotéis mais cobiçados da cidade. E fica bem no Morro do Vidigal.

Eles conseguiram transformar algo não muito interessante (ficar no meio da favela) em algo cobiçado, muito divertido (viver experiências no coração do Rio, com uma vista maravilhosa).

É TUDO QUESTÃO DE PERSPECTIVA... ;)

REGRA DO UM

POR FIM, PARA A GENTE fechar este primeiro capítulo com chave de ouro, vamos falar de uma das principais regras do Copywriting: a Regra do Um (Rule of One).

Toda comunicação persuasiva deve ser bem focada. Não conte diversas histórias. Não tente trazer diversas emoções à tona. Por exemplo, se você for vender seguro de vida, foque em:

Uma história - Por exemplo, um estudo de caso de algum cliente satisfeito;

Uma emoção - Como a culpa: "Acontecer algo trágico com você, e sua família ficar desamparada"

Uma promessa - Ter todo o apoio e suporte no que precisar durante 24 horas por dia, 7 dias por semana.

Uma ação - Ligue para mim e vamos fechar negócio!

O que eu vejo que muitas pessoas cometem e diminui a conversão é ter diversos objetivos em uma única comunicação.

Tentar vender vários produtos em uma única peça de vendas não é o caminho.

Se a comunicação de um texto foca no medo, vá até o fim com foco no medo. Não mude repentinamente.

"Victor, eu tenho diversos produtos, diversos públicos... E aí?"

Simples: diversas copy bem focadas.

COPYWRITING DESCOMPLICADO

Ou seja, um primeiro texto sobre um tema, um público, uma história e uma emoção.

Outro texto sobre outro tema, outro público, outra história e outra emoção.

Nós chamamos de "ângulos". Um mesmo produto tem diversos pontos de vista.

Por exemplo, viajar pode ser bom para (1) conhecer novas pessoas, (2) aprender um novo idioma, (3) descansar e relaxar a mente e assim por diante.

Então, cada um dos três exemplos acima deve ter uma comunicação específica.

Não tente falar dos três em um único vídeo ou texto, porque não ficará específico.

A Regra do Um é uma das mais importantes do Copywriting. Jamais se esqueça!

Quem sou eu?

Parte 2

PRAZER, VICTOR PALANDI

TALVEZ VOCÊ ESTEJA passando agora pelo mesmo que eu quando comecei a estudar sobre Copywriting.

Aquele misto de alegria com dúvida e curiosidade. Eu me lembro bem de quando comecei.

VAMOS LÁ!

Aos 12 anos, eu decidi me tornar jornalista esportivo.

Um ano depois, pensei: "Bom, vou escrever na internet para ir treinando e me preparar para o futuro".

Então, tive a minha primeira experiência. Foi em um blog de futebol, em que eu atualizava com artigos sobre história tática.

Era muito divertido, mas eu queria ganhar algum dinheiro também. Logo, entrei em outro blog para lucrar com publicidade (Google AdSense).

Lembro como se fosse hoje...

Ganhei R$ 30 no primeiro mês. Para mim, aos 13 anos, era bastante dinheiro. Fiquei feliz da vida!

Pensei: "E se eu começar a escrever como Freelancer?"

Fui atrás de plataformas que pagam por texto, e me inscrevi. Consegui um trabalho que me pagava R$ 1,50 por texto.

Depois, consegui outro que me pagou R$ 2 por texto.

E assim fui estudando e trabalhando nas horas vagas, ganhando experiência e dinheiro com a internet.

Certo dia, acordei e pensei: "Esse pessoal deve ganhar bem mais do que me paga. Eu vou criar blogs também".

E foi quando fundei o InfoDiretas, com meu amigo Leonardo Caprara. Em 10 meses, atingimos mais de 1 milhão de pageviews e participei de diversos eventos, tendo entrevistado Vitor Belfort e muitas outras celebridades

Experiência incrível! Decidi, então, criar outros blogs e começar a vender produtos como afiliado.

Basicamente, divulgava cursos on-line ou eBooks e, para cada venda, ganhava uma comissão.

Foi neste momento em que eu vi a real importância da comunicação persuasiva. Os visitantes encontravam meu site pelo Google, sempre quando estavam buscando por informação gratuita.

Eu deveria apresentar um produto e mostrar as vantagens de fazer o investimento.

Esse foi um dos momentos que eu mais aprendi e que me deu a base para o que viria nos próximos anos.

Passei a capturar o e-mail das pessoas pelo blog e fazer um funil específico para cada produto, com advertorial. Assim, eu vendia como afiliado desde e-Book de aumento natural de seios até e-Book de importação de perfumes.

E foi neste período que aprendi uma das maiores lições da minha vida...

CONTEÚDO GRÁTIS É UMA PORCARIA!

SIM... VAMOS ELIMINAR alguns mitos aqui. Conteúdo gratuito não vai te levar a lugar nenhum. Eu descobri essa grande verdade neste período. Tinha vários blogs, um bom conteúdo, mas o que vendia eram duas ações:

1. Sequência de e-mails agressiva;
2. Advertoriais.

Por algum motivo, o mito de que é preciso produzir conteúdo gratuito para vender cresceu e contaminou nosso mercado.

Gosto muito da frase: "Posicionamento se cria com oferta".

Por isso, uma das grandes lições que você pode tirar desse capítulo é a de que todo conteúdo seu deve servir para algum fim específico, que posteriormente te levará a ganhar dinheiro.

Um artigo pode ser gratuito, desde que o seu objetivo seja convencer a pessoa a comprar algum produto no fim.

Dessa forma, não é um simples conteúdo grátis, mas uma oportunidade de venda.

O ideal é que as pessoas continuem achando que você está produzindo material de graça, mas você deve ter planejado que cada vídeo, cada artigo, cada e-Book, cada telefonema é, na verdade, uma chance para gerar conversão.

Portanto, quando eu passei a produzir conteúdo "grátis" com o propósito de gerar conversão, passei a trabalhar ativamente com Copywriting.

Ainda não conhecia por esse nome, mas foi quando comecei a me interessar por persuasão.

NASCIMENTO DA PALANDI NETWORK

AOS 18 ANOS, ABRI OFICIALMENTE a minha empresa. Eu tinha alguns blogs, meu trabalho como Freelancer e havia acabado de lançar o meu primeiro produto: Crie um e-Book de Sucesso em 30 Dias.

O seu lançamento não tinha sido um sucesso... Foi bem ruim, na verdade.

Vendi algo em torno de 8 cópias do e-book. E o motivo foi claro: não tinha Copy nenhuma.

Não gerei valor para a oferta. Não tinha uma boa promessa. O produto era bom, mas a comunicação não estava nada persuasiva. Decidi voltar e focar no que eu sabia fazer: vender e entregar textos.

Contratei minha primeira funcionária e bati a minha primeira meta financeira: R$ 10 mil em um mês. Estava em êxtase! Mas precisava de mais clientes. Expansão. Foi quando, mais do que nunca, vi a necessidade de ser mais persuasivo. Comecei a estudar Copywriting com mais energia.

7 meses depois da criação da empresa, lancei o meu segundo produto: TextMachine.

Levei 14 dias para gravar e foi um dos grandes acertos da minha carreira. Até hoje, esse treinamento tem alunos. Já somos mais de 5 mil. A carta de vendas e toda a copy foi bem pensada e estruturada, por isso, foi um sucesso.

Motivado, dois meses depois eu relancei aquele primeiro produto. Mudei o nome, a estrutura e toda a promessa.

Deu certo! Ao todo, o e-Book de Sucesso gerou cerca de R$ 35 mil e acabou dando um bom lucro.

"Bons produtos se vendem sozinho". Isso é um mito!

Capriche na comunicação se você quer vender de verdade.

45

DO R$0 AO PRIMEIRO R$1.000.000,00 DE FATURAMENTO

NESTE PERÍODO, EU TINHA sido aprovado pela UFABC — Universidade Federal do ABC. Tentava conciliar com a empresa, mas era complicado.

Acabou que fui deixando a faculdade em segundo plano, principalmente porque eu via que os meus esforços na Palandi Network estavam gerando retorno.

Comprei meu carro. Meu apartamento. Tinha viajado para a Aruba e vivia uma vida boa.

MAS... EU QUERIA MAIS!

Fui aos Estados Unidos participar do Traffic and Conversion Summit. Depois de 7 meses, fui novamente aos EUA para participar do High Performance Academy.

Criei mais uma série de novos produtos, aumentei o tamanho da agência... até que tomei a atitude de trabalhar em um Coworking.

Eu trouxe 1 pessoa para me ajudar... 2... 3... 4. Até que saímos do Coworking e fomos para uma sala comercial! Chegamos a ter 8 pessoas na agência e mais 30 freelancers em home office. Tínhamos uma produção intensa de artigos. Era um clima bem legal, todos jovens e nos relacionávamos bem. Então atingi mais uma marca que muito me alegra: R$ 1.000.000 em faturamento.

Neste período, eu já me dedicava a entender e usar cada dia mais as técnicas de Copywriting. E então, quando li As Armas da Persuasão, tudo ficou muito mais claro na minha cabeça.

Fui atrás de mais conhecimento para incorporar na agência. Passamos a oferecer serviços de copy, que nos trouxe mais prestígio.

DECIDI DAR MAIS UM PASSO...

SURGIMENTO DA FANTASTIK

EU QUERIA ME APROFUNDAR e dedicar mais tempo do meu dia ao estudo do Copywriting.

Também gostaria de ter mais alunos e aumentar a oferta de cursos.

Criei uma nova empresa: a Fantastik, que tem como missão tornar as pessoas ainda mais fantásticas.

O lançamento veio com o Workshop Vídeo de Vendas na Prática, ao lado do Fernando Parmezani.

No mês seguinte, criamos a marca Kopywriting, com o intuito de compartilhar dicas e estratégicas de copy.

Em dezembro de 2016, fiz um evento on-line em que toda a renda foi revertida em doação para o Médicos Sem Fronteiras.

E em janeiro de 2017, nasceu a Kopy, a primeira escola on-line de copywriting do Brasil. E não paramos mais...

Em março, fizemos KopyFest — primeira edição do maior evento de Copywriting do Brasil.

Pouco tempo depois decidi tomar uma atitude bem drástica...

Saí da agência da qual fundei para me dedicar somente à Fantastik.

Queria poder focar 100% do meu tempo em cursos, eventos, e-Books e outros tipos de produtos.

COPYWRITING DESCOMPLICADO

Como se começasse do zero, era só eu e o Guga, designer e videomaker Fantastik. Com muito brilho nos olhos para um novo desafio, encaramos essa jornada.

Estudei muito. Aumentei a produção de vídeos e textos. Desenvolvi novos produtos.

Logo começamos a trazer mais gente para ampliarmos a nossa capacidade produtiva e crescermos ainda mais.

Passamos a realizar mais eventos e cursos presenciais também, formando centenas de pessoas e rodando por vários estados.

E aquele garoto da Zona Norte de São Paulo realizou mais um sonho: levar o copywriting para mais pessoas por meio do seu primeiro livro.

COMO APRENDI COPYWRITING

HOJE, PARA MIM, É UM hábito aprender e ensinar copywriting. Em toda e qualquer situação, minha cabeça relaciona a alguma estratégia que aprendi ao longo dos anos.

Sabe aquele vendedor que vem dizer que são as últimas unidades? Trata-se do gatilho da escassez.

E o maço de cigarro com suas imagens fortes e um texto chocante? Nada mais é que tentar causar medo e culpa.

Ou quando você vê uma oferta "de R$ 1.000 por somente R$ 200"? É a técnica da ancoragem de preço.

Tudo isso acaba se tornando tão natural que logo você estará craque em Copywriting.

Fique tranquilo que ainda temos bastante leitura pela frente e quando explorarmos as bases do copy, bastante coisa fará sentido e muitas dúvidas serão esclarecidas.

Porém, antes, precisamos compreender a fundo sobre a importância do público-alvo para sermos mais persuasivos.

Aprendi copywriting de verdade quando entendi que não existe certo ou errado, mas públicos diferentes para um mesmo produto.

Olhando o passado, eu percebo alguns pontos curiosos...

Aquele lançamento que não deu muito certo, não tinha um público bem definido. Por causa disso, a promessa era fraca e não gerava valor. A agência começou a deslanchar quando eu entendi tão bem o meu público que ao fazer a oferta, eu sabia quais eram as dores e objeções, eliminando os obstáculos da venda.

Reparei que estava no caminho certo quando comecei a receber comentários nos vídeos de pessoas dizendo: "Uau, estou passando por isso!", "Me encontro com essa dificuldade hoje"...

Ou seja, acertei na comunicação com o meu público, logo, passei a ser mais persuasivo.

Você vai ter acesso a um atalho agora no próximo capítulo, que o fará economizar anos de testes e o colocará a frente dos seus concorrentes. Quer apostar?

VAMOS NESSA!

Público Alvo

Parte 3

PERGUNTAS ESSENCIAIS PARA SUA COPY

QUANDO FALAMOS DE DEFINIR público-alvo, pensamos sempre no básico que aprendemos durante a vida.

Qual a profissão? Renda? Classe social? E assim por diante...

Porém, isso, por si só, não nos ajuda a produzir uma copy poderosa. Precisamos de mais detalhes.

Mais do que isso, necessitamos também entender como a cabeça da nossa audiência funciona. Assim, hoje utilizo um questionário de sete perguntas essenciais para você fazer sempre, enquanto traça o seu público!

VAMOS VER QUAIS SÃO?

QUEM VAI COMPRAR O PRODUTO?

––––––

DEFINA QUEM VOCÊ QUER atingir. O sexo, idade, profissão, renda... tudo a que você está acostumado e já te falam em todo livro de marketing.

É importante ter um perfil bem definido, que você possa até dar um nome para te guiar. Quanto maior a precisão, mais fácil ser assertivo na comunicação.

QUAL É A PERSONALIDADE DO COMPRADOR?

LEMBRA QUANDO FALAMOS de copy motivators? Saber a personalidade do seu público vai ajudar você a ser mais certeiro nos motivadores que vai usar.

Vamos supor que você trabalhe com um público que queira emagrecer, mas que já esteja frustrado com diversas tentativas fracassadas.

Um dos copy motivators pode ser "economizar dinheiro", porque provavelmente já gastaram muito com dietas falhas.

Você também pode intuir que determinação faz parte da personalidade da pessoa, porque mesmo frustrada, continua tentando.

E tudo isso vai auxiliá-lo quando estiver escrevendo um texto ou fazendo um roteiro de vídeo.

POR QUE ALGUÉM PRECISA DO SEU PRODUTO?

SEJA FRANCO E ENTENDA que essa pergunta é extremamente natural e comum na mente do seu público.

Dependendo do que você venda, as pessoas nem sabem o motivo pela qual precisam. Esse é o caso de muitos suplementos, como condroitina.

Essa substância é muito usada por quem tem artrite e artrose, mas nem todos conhecem. Muitas vezes, será preciso deixar bem explícito o motivo pela qual alguém precisa daquilo que você vende.

Eu percebo que muitas pessoas têm dificuldade quanto a isso. Ficam bravas e sem paciência: "Como assim você não sabe para que meu produto serve?!".

Nem sempre é por mal. É nosso trabalho com copywriting informar a pessoa como forma de persuadi-la a comprar.

POR QUE ALGUÉM PRECISA DO PRODUTO AGORA?

ESTE É OUTRO PONTO que você deve levantar sobre o seu público-alvo: como você pode gerar urgência na decisão de compra?

O que você pode fazer para o fechamento da venda não ficar para amanhã ou semana que vem?

Por exemplo, a pessoa entende que precisa falar inglês se quiser alcançar cargos mais altos dentro da empresa.

Porém, às vezes posterga a decisão de se matricular em uma escola. Quais argumentos você pode usar para que ela não deixe para depois?

- Fim do ano está chegando! Coloque como meta do ano seguinte aprender um novo idioma;

- Surpreenda o seu superior! Daqui a quatro semanas, você poderá participar de reuniões em inglês;

- A taxa de desemprego está aumentando. Você quer correr o risco de perder o seu emprego e não ter inglês no currículo?

E assim por diante! Quanto mais urgência tiver, melhor para você.

QUAL É A PREOCUPAÇÃO PRINCIPAL DE QUEM QUER COMPRAR?

SABENDO A PREOCUPAÇÃO principal do seu público, você conseguirá usar argumentos muito mais fortes.

Mas é importante ir além da superfície...

Existe uma técnica chamada 3 Porquês. Nela, você questiona 3 vezes o motivo pela qual a pessoa quer alguma determinada mudança.

Por exemplo:

- Quero emagrecer - Por quê?

- Porque quero ficar mais magra. - Por quê?

- Porque estou me sentindo feia. - Por quê?

- Porque não consigo arrumar um namorado

Logo, você descobriu que a preocupação principal dela não é a saúde, mas o relacionamento. Entendeu que não importa muito pra ela como estão os exames de sangue, mas sim se os homens vão achá-la atraente?

Por isso, tanto produto não vende. Frequentemente, trabalhamos com a preocupação/motivação errada.

O QUE EXATAMENTE O PRODUTO FAZ POR ELE?

SEJA ESPECÍFICO E, acima de tudo, entregue soluções que o seu público esteja buscando.

Se a pessoa quer emagrecer para atrair homens, não tenha vergonha de definir isso como um dos benefícios do produto.

Ser "politicamente correto" ou falar o que é mais bonito não vai fazer você conseguir mais clientes.

Por exemplo, carros. Existe a crença popular de que carro atrai mulheres.

Logo, quando um jovem compra um Audi conversível, em 90% dos casos ele é solteiro.

A Audi não precisou fazer uma propaganda dizendo que esse modelo vai ajuda-lo com mulher, apesar de o vendedor na concessionária muitas vezes falar isso para convencer o cliente.

Então, de verdade, o que o seu produto faz pelo seu cliente?

Diminuir a taxa de colesterol não é atrativo. Salvar a vida e permitir que a pessoa conheça o neto, sim. É tudo questão de perspectiva.

Cada um tem a sua motivação. Não cabe a nós, copywriters, julgarmos. Nosso único papel é saber usar para vender mais.

O QUE MOTIVA O COMPRADOR A ADQUIRIR?

POR FIM, O QUE MOTIVA seu comprador a se inscrever no seu programa de emagrecimento, por exemplo? Isso vai variar bastante...

Digamos que o seu público definido seja de pessoas de baixa renda. Talvez uma promoção ou um cupom de lançamento seja bem atrativo.

Agora, se for um público de alta renda, uma ótima motivação pode ser um encontro presencial com você, mesmo que isso faça custar 3x mais.

Outro ponto que influencia aqui é a personalidade...

Se for um público que está desesperado por uma solução, quanto mais rápido for o resultado (lembra do Triângulo da Kopy?), mais motivado estará para comprar.

Caso seja um público mais tranquilo, que vê o seu produto como um hobby, entregar algo especial (como um livro autografado), pode ser mais motivador.

Em resumo: entender seu público fará você ser mais persuasivo.

Nenhuma estratégia de copywriting é o suficiente, se não souber responder essas sete perguntas iniciais.

Agora, vamos entrar em detalhes em outra questão fundamental e extremamente importante para você aumentar suas conversões.

Eu não a compreendia tão bem até ver como copywriters experientes faziam...

VOCÊ VAI SE SURPREENDER TAMBÉM!

O QUE DEIXA O SEU PÚBLICO ACORDADO À NOITE?

———

SE VOCÊ QUER REALMENTE entender o que incomoda e como você pode mudar a vida do seu cliente, descubra o que o deixa acordado à noite.

Quero que você adentre na mente da sua audiência...

O que faz a pessoa perder o sono quando se deita para dormir?

O que a leva a ficar de olho aberto olhando para o teto, preocupada?

Revirar-se de um lado a outro, sem saber o que fazer?

Chorar no travesseiro, para que ninguém veja?

É aí que está o grande tesouro! Veja o porquê:

1. Você vai saber o que cada um está precisando de verdade, para conseguir resolver mais rapidamente;
2. Sua comunicação com a pessoa será tão alinhada e empática, que a conexão será instantânea, aumentando sua autoridade;
3. É uma forma de você se destacar dos concorrentes, que sempre falam o óbvio e não parecem viver a realidade do público comprador.

Portanto, dedique um tempo da sua vida a ir atrás dessas informações.

Uma pessoa endividada certamente tem vários motivos para ficar acordada à noite:

- Não conseguir dar conforto para o filho e esposa;

• Ser a vergonha da família, que todos vão comentar naquele almoço de domingo;

• Saber que no dia seguinte, muita gente vai ligar cobrando dinheiro.

Esses são três exemplos.

Se pegarmos o caso de alguém com 40 anos, solteiro. Já deve ter tido diversos namoros, e nenhum virou. Às vezes, é até divorciado. O que o deixa acordado à noite?

"Será que vou morrer sozinho?" "Estou ficando velho para ter filhos" "Será que o problema é comigo? O que eu faço de errado?"

O medo da solidão é muito forte.

Você sabia que um dos melhores argumentos para vender produtos de impotência e ejaculação precoce é dizer que a esposa pode "pular a cerca" se o marido não a satisfazê-la?

Na prática, a gente sabe que não é bem assim. Um relacionamento é muito mais do que sexo. Porém, o medo e a vergonha do homem tiram esse lado racional. Além disso, a culpa o consome: "Não consigo satisfazer minha mulher".

E, então, vem a dúvida: "Será que ela vai me trocar?".

Quando uma carta de vendas traz esse medo à tona, dizendo que mulheres se importam demais com a performance do homem na cama, os resultados comerciais são potencializados.

Portanto, o que o seu público pensa antes de dormir? O que o mantém acordado à noite?

FAÇA ESSE EXERCÍCIO ANTES DE IR PARA O PRÓXIMO CAPÍTULO...

63

LEMBRE-SE: AS PESSOAS SÃO GANANCIOSAS

———

GANÂNCIA ESTÁ PRESENTE em todos nós, sem exceção. Existe tanto por razão biológica, quanto social. Não adianta negarmos isso. Porém, o que acontece é que tentamos controlar esse monstro e não damos espaço para a ganância reinar. Afinal, é 'ruim'.

Ainda assim, mesmo com nossa energia focada em não deixarmos a ganância vencer, usar isso a nosso favor nas vendas é importante.

Perceba na política...

No esporte...

Alguns empresários...

Líderes de Igreja...

Temos exemplos de pessoas gananciosas em todos os lugares.

Perceba que Pirâmides Financeiras crescem muito mais do que outras formas de negócio por conta da publicidade pesada no desejo humano por "mais", por "excessos".

Um carrão, duas casas... Não importa se é ilegal, se não tem produto ou se a base da pirâmide está perdendo dinheiro. Contanto que o indivíduo esteja ganhando mais e mais grana, está feliz e buscando mais formas de ganhar mais e mais dinheiro.

A lição que eu quero deixar aqui é que comunicação baseada em coisas ditas como "exageradas" vai funcionar, porque, em nosso subconsciente, somos seres gananciosos.

Enquanto alguns podem julgar e dizer: "Olha lá, exagerado, tá se mostrando", um número bem grande de pessoas estará comprando. É assim que funciona.

Bases do Copywriting

Parte 4

PREÇO E VALOR

AO LONGO DESTE CAPÍTULO, estaremos analisando as principais técnicas de Copywriting, bem como aquilo que molda boa parte do que entendemos como persuasão nos dias de hoje.

Este capítulo vai te entregar a base completa para você sair daqui apto a aplicar e ver resultados, aumentando suas vendas quase que em um estalar de dedos.

Para abrir com chave de ouro, vamos analisar a diferença entre preço e valor. Warren Buffett, um dos maiores investidores da história, pode nos ajudar: "Preço é aquilo que você paga, valor é o que você recebe".

Portanto, vamos imaginar um Playstation 5. Hoje, custa, em média, R$3.500. Esse é o preço do PS5. É concreto. Não dá margem para interpretações.

Para mim, esse é um preço baixo. Já para a minha mãe, que não joga videogame, esse é um preço alto. R$ 3.500 é caro, na visão dela.

Isso é valor: é o que você enxerga em qualquer produto ou serviço.

O valor de um PS5 para mim é grande, enquanto para minha mãe, é pequeno.

O mesmo preço de R$ 3.500 me passa a ideia de ser barato, enquanto para ela é caro.

Podemos pegar outros exemplos.

Uma viagem tem valores diferentes para cada pessoa, mesmo o preço sendo o mesmo.

O valor, então, é abstrato e é pessoal, de acordo com a forma que cada um enxerga determinada oportunidade.

Isso é importante para Copywriting, porque quanto mais valor você consegue gerar a uma oferta, mais "barata" parece, mesmo que o preço se mantenha.

Vamos imaginar que você venda um curso de inglês a R$ 3 mil.

Se eu der um curso de inglês + um curso de espanhol também a R$ 3 mil, minha oferta terá um valor percebido mais alto, já que são 2 cursos pelo preço de 1.

Polishop é um exemplo claro disso.

Ela começa a adicionar tanto bônus, guia, coisas extras ao produto, que quando comunicam o preço real, parece até barato.

O seu objetivo é fazer com que o valor seja sempre superior ao preço.

Busque fazer com que as pessoas pensem: "Nossa, é sério? Só isso?", porque assim conseguirá taxas de conversão cada dia mais altas.

DOR E PRAZER

OUTROS DOIS CONCEITOS muito importantes no campo da persuasão são: o de dor e de prazer.

Todas as nossas decisões são baseadas em algum desses dois. Todas.

Quer ficar rico?

É para não ter a dor de sofrer financeiramente e ter o prazer do conforto e luxo.

Quer um relacionamento estável?

Para não ter a dor da solidão e ter o prazer do companheirismo.

Quer viajar o mundo?

É para eliminar a dor da monotonia e sentir o prazer de conhecer novas culturas.

Posso continuar dando exemplos infinitos...

Portanto, quando você pensar na sua comunicação, apele para a dor e prazer que, assim, conseguirá mais resultados.

DICA DE OURO: a dor sempre traz mais resultados. Nós preferimos evitar algo doloroso do que tentar algo prazeroso, sabia?

Além disso, a dor da perda incomoda muito mais do que a felicidade do ganho.

Veja pelas atitudes na sociedade...

Muita gente se torna concursado para ter estabilidade, mesmo que isso leve a uma vida infeliz, em um cargo que não gosta.

Por isso, usar argumentos que peguem firme na dor levam a grandes resultados.

Veja um exemplo:

"Você quer continuar desempregado? Correndo o risco de não arrumar um emprego, sem poder dar conforto à sua família? Caso queira dar a volta por cima e conseguir um cargo que pague mais de R$ 2.500 por mês, faça um curso técnico com a nossa escola XYZ"

A dor e o medo andam de mãos dadas. É aqui que você pode usar, mais uma vez, a técnica "o que deixa a pessoa acordada à noite".

INFORMAÇÃO E SABEDORIA

CONTINUANDO...

Existe uma grande diferença entre vender informação e vender sabedoria.

Informação é acessível, é algo público, ou seja, comum. Não tem um grande valor percebido.

Sabedoria é raro. Único. Difícil de conseguir. É extremamente valorizado.

O que muitos cursos tentam vender é informação, quando o segredo para obter sucesso é vender sabedoria.

Na década de 1990, quando a Wise Up lançou o curso de inglês que tornava qualquer pessoa fluente em 18 meses, trouxe inovação.

Ela foi a primeira escola com essa promessa. Logo, não estava vendendo informação (aprender inglês), mas sim sabedoria (único método para aprender inglês em 18 meses).

Quando você vende o seu conhecimento, é importante que o posicione como sabedoria, para que as pessoas enxerguem como um conhecimento único.

Por isso, uma técnica rápida que você pode usar é de criar nomenclaturas ou acrônimos.

Em 2015, eu lancei um treinamento chamado TextMachine. E dentro dele, um dos módulos se chama Método P.O.D., que significa Planejamento, Organização e Desenvolvimento.

Veja que não se trata de nenhuma grande invenção mirabolante. Eu peguei o que muita gente ensina sobre escrever texto e dei um nome para diferenciar.

O meu treinamento é o único com o Método P.O.D., portanto, é sabedoria, não é informação.

Essa é uma ótima forma de você diferenciar o que vende, mesmo que o produto seja muito parecido a diversos outros que já existam.

Em breve, vamos ver sobre Mecanismo Único, e você vai entender outra parte do processo de diferenciação de um produto, a fim de torna-lo mais irresistível.

BORA PARA O PRÓXIMO!

CARACTERÍSTICA, BENEFÍCIO E BENEFICIO PROFUNDO

É MUITO IMPORTANTE que você entenda a diferença entre estes 3 conceitos. Característica é concreto. É o que o seu produto oferece às pessoas. "Os carros da Mercedes-Benz têm banco de couro, freios ABS e airbags". Benefício é o que as características trazem de bom para os clientes. "Mais conforto e mais segurança, possibilitando longas viagens sem estresse".

E o benefício profundo é o que pouca gente usa. É o grande pulo do gato.

Trata-se do que as pessoas querem, mas deve ficar subentendido, não explícito.

"Mercedes-Benz traz status, admiração e mostra sinal de sucesso e riqueza".

Eu costumo dizer que benefício profundo é o que ninguém quer assumir publicamente, mas sabe que, no fundo, é verdade.

É importante que você use esse artifício de maneira silenciosa. Por exemplo, no caso da Mercedes, mostrar pessoas ricas com o carro.

Assim, você não estará dizendo para o seu cliente que ele vai ter status, mas inconscientemente, essa será a mensagem.

Também pode colocar uma mulher ao lado do motorista, para deixar subentendido que carro chique atrai gente bonita.

E isso funciona em qualquer nicho... Muitas vezes quem viaja gosta de ostentar que tem dinheiro. Esse acaba sendo o benefício profundo.

Quem quer perder a timidez pode dizer que deseja como benefício conseguir falar em público. Mas como benefício profundo, o interesse é perder o medo de falar com quem está interessado sexualmente.

ISSO É MUITO PODEROSO! USE SEMPRE.

USP - UNIQUE SALES PROPOSITION

TAMBÉM CONHECIDO COMO Proposição Única de Valor, é a sigla que sintetiza o que o seu produto faz em poucas palavras.

O objetivo é falar o que vende em poucos segundos e de maneira clara.

Não é fácil fazer uma boa USP. É importante ler, revisar e pedir opiniões para não errar.

Eu coloco sempre como regra que deve haver apenas um ponto final, de forma que não fique muito longa.

Além disso, existe um modelo que é certeiro, caso não esteja muito criativo:

"O único/ exclusivo [método, treinamento, programa] para conseguir XYZ em apenas X [dias, semanas, meses], sem precisar YZX, mesmo que ZXY".

Por exemplo:

"O único programa de emagrecimento para perder cinco kg em apenas sete dias, sem precisar ir à academia, mesmo que não faça dieta".

"O exclusivo método para conquistar o primeiro milhão em apenas 12 meses, sem precisar correr riscos, mesmo que não entenda nada de investimentos"

Uma USP é peça-chave para que o produto ou serviço fique ainda mais persuasivo.

É importante que seja criada logo no início, para servir como norte durante toda a comunicação.

Se você não é capaz de explicar o que faz em uma frase, é porque está confuso ou complicado demais.

Além disso, quanto mais específico melhor:

Evite usar "mais" ou "menos"; "muito" ou "pouco", porque são termos relativos.

Muito para uns pode ser pouco para outros.

Números não deixam dúvidas. É o melhor caminho.

NÍVEL DE CONSCIÊNCIA

VOCÊ SABIA QUE, DEPENDENDO do nível de consciência do seu público em relação à necessidade de um produto, a comunicação toda muda?

Existem quatro níveis de consciência:

- Muito inconsciente;

- Inconsciente;

- Consciente; e...

- Muito consciente.

Vamos pegar como exemplo um curso de inglês.

As pessoas sabem que precisam aprender inglês. O nível de consciência é o mais alto.

Não é preciso convencer ninguém de que é importante saber inglês.

Por isso, a concorrência é tão grande: o público é formado por pessoas que estão com o dinheiro na mão, só escolhendo a melhor escola.

Agora, pegue um curso de mandarim.

A grande maioria das pessoas se encontra no estágio de muito inconsciente.

Porém, se você levar em conta que esse idioma é falado por 1 bilhão de pessoas, com a possibilidade de se tornar mais relevante nos próximos anos, todos deveriam aprender.

Logo, quem vende curso de mandarim precisa convencer a pessoa de que é importante estudar o assunto, para depois convencer a fechar negócio.

Ou seja, requer um pouco mais esforço, mas também tem menos concorrência.

A seguir temos um resumo dos prós e contras:

MUITO INCONSCIENTE E INCONSCIENTE

PRÓS: MENOS CONCORRÊNCIA e maior oportunidade de fidelização

CONTRAS: mais difícil e demora mais tempo para convencer

CONSCIENTE E MUITO CONSCIENTE

PRÓS: AS PESSOAS ESTÃO prontas para comprar, é tudo muito rápido.

CONTRAS: alta concorrência e disputa pelo prospect quente.

E como isso impacta na persuasão e copy? Simples...

O modo como você vai utilizar gatilhos mentais (falaremos em breve) e outras estratégias vai depender do nível de consciência em que a pessoa se encontra.

No nível muito inconsciente, será preciso um trabalho maior de educar o prospect, gerar reciprocidade e passar segurança. Já no nível muito consciente, quem tem mais autoridade e prova social acaba levando vantagem. Além disso, aqui é possível ser mais agressivo, porque a pessoa quer comprar, só está na dúvida se é com você ou não.

Saber em qual momento o seu público está posicionado na jornada do cliente, o ajudará a eliminar os principais obstáculos que veremos a seguir...

QUATRO OBSTÁCULOS CENTRAIS DA VENDA

ALADDIN HAPPY, ESPECIALISTA em growth hacking, selecionou as quatro principais objeções que as pessoas têm antes de realizar qualquer tipo de compra.

É muito importante que, em sua comunicação, você consiga eliminar cada uma delas, para deixar o caminho livre para a venda.

Vamos entendê-las!

"Não vê necessidade"

Essa objeção é mais comum nas pessoas que se encontram nos níveis de muito inconsciente e inconsciente.

Elas não entendem para que precisam daquilo. Portanto, acham caro e um gasto desnecessário.

Neste caso, é importante que você mostre motivos claros que tragam essa necessidade à tona.

O filme O Lobo de Wall Street tem a famosa cena da caneta em que um dos personagens diz: "Escreva seu nome neste guardanapo.

O Jordan Belfort responde: "Não tenho caneta". E, então, ele oferece a caneta. Pronto, criou a necessidade.

Foi um exemplo rápido, mas muito ilustrativo.

"Não tem dinheiro"

Eu costumo dizer que, em 90% dos casos, essa é uma objeção "mentirosa", porque as pessoas têm dinheiro, mas não dão prioridade ao seu produto.

Pode perceber que tem muita gente de classe C com carrão. Nesse contexto, pode não ter dinheiro para muita coisa, mas tem para comprar o carro do ano, porque o automóvel é visto como prioridade para ela.

Portanto, é importante que você eleve a importância do seu produto na vida dela, de modo a que sua oferta fure fila e ela compre, mesmo que, para isso, tenha de parcelar ou abrir mão de outros produtos.

"Não tem pressa"

Neste terceiro estágio, a pessoa já entende que precisa do produto ou serviço que oferece, tem dinheiro, mas não tem pressa.

Isso acontece com viagens. A pessoa sabe que precisa viajar, tem bastante vontade, mas não tem urgência.

E, então, como muitas empresas fazem para contornar esse obstáculo? Criam promoções e geram bastante urgência e escassez.

Você, no caso, pode "criar" a pressa.

Afinal, o ser humano é um animal que tem a procrastinação enraizada no DNA. Tendemos a deixar tudo para o dia seguinte; então, precisamos de motivos para não postergarmos alguma decisão.

"Falta de confiança"

Ou a pessoa desconfia de você ou do seu produto.

"Não sei se é bonito assim como está na foto"

"E se nunca for entregue e eu tomar calote?"

"Mas tem garantia? Como vou saber que é verdade?"

A boa notícia é que ela está muito próxima de comprar.

Ela está com o cartão de crédito na mão.

Para vencer essa última barreira, é preciso ganhar a confiança de duas formas:

1. Com autoridade, mostrando que você ou a sua empresa é destaque na área, tem tempo, história e é vista como referência de mercado;
2. Com prova social, trazendo depoimentos de clientes satisfeitos, atestando que existem compradores dando notas altas à sua empresa.

Por fim, ainda temos uma pergunta que passa na cabeça de boa parte das pessoas quando veem um produto novo:

"Se isso é tão bom, por que nunca ouvi falar antes?"

É importante, de maneira implícita, responder a essa dúvida que paira na mente do seu público.

Bem, pode dizer que é um lançamento...

Ou que as inscrições eram restritas a poucas pessoas...

Ou ainda falar que essa é uma guerra contra concorrentes cheios de dinheiro, por isso não conseguem a mesma popularidade.

De todo modo, é preciso deixar claro que eles nunca ouviram falar antes, mas você é confiável e cumpre com o que promete.

REGRA DAS 3 PROVAS

UMA DAS MAIORES MÁXIMAS do Copywriting é que para toda alegação que você faz, você deve provar.

"Considerado o melhor produto do mercado". Por quem? Quando?

As pessoas acreditam e confiam quando veem que o que você diz é, de fato, verdade.

"Posso te fazer emagrecer 5kg em 5 dias". Por que? Quem me garante?

É normal as pessoas duvidarem.

Para isso, existe a regra das três provas: em uma argumentação, apresentar 3 tipos de evidência.

1. "Prova Incontestável": Aquela em que você expõe gráficos, estatísticas ou estudos científicos. É o tipo de prova que não tem como duvidar.
2. "Prova Média": Focada mais em portais de internet, sites, programas de TV e outras mídias relevantes. Não chega a ser incontestável, mas as pessoas creditam valor.
3. "Prova Social": Essa é a que estamos acostumados: depoimentos em vídeos, em texto, entrevistas com clientes bem-sucedidos e assim por diante. Ela é muito poderosa, mas um dos mais fáceis de adulterar, portanto perde um pouco de credibilidade.

Logo, quando você quiser gerar um maior poder de convencimento, mescle esses três tipos de provas.

Use estatísticas, matérias jornalísticas e depoimentos; ou estudos científicos, programas de TV e entrevistas. Assim, atingirá o prospect por todos os ângulos, maximizando a sua conversão.

POSICIONAMENTO NA COPY

ESTE É UM DOS PONTOS mais importantes no sucesso de qualquer comunicação persuasiva.

Frank Kern, um dos maiores copywriters da atualidade, diz que "devemos afastar quem não queremos para atrair aqueles que desejamos".

Isso significa que, a partir do momento em que diz que odeia verde e ama vermelho, você estará perdendo um número grande de pessoas que amam verde, mas atraindo aqueles que amam vermelho e que odeiam verde também.

Portanto, a repulsa de alguns magnetiza outros. E qual a relação disso com posicionamento? Não fique em cima do muro. Nunca. Não diga que o seu método é bom, mas que existem outros bons também.

Seja claro. Direto. Extremista.

O seu método é o melhor, e ponto final.

Brigue por isso.

Veja na política. Donald Trump, Lula, Bolsonaro... Independente da sua opinião política, essas são pessoas que convenceram massas por conta da visão clara e definida que têm.

Enquanto muitos odeiam cada um deles, outros amam de paixão.

Você, a sua empresa e o seu produto não devem agradar a todos. Pelo contrário, precisam agradar ao público certo.

Dessa forma, em uma copy, é importante tomar partido sempre.

Se você vende low carb, tem que defender essa filosofia com unhas e dentes, colocando todas as outras por baixo.

Esse posicionamento vai fazer com que você seja mais lembrado e amado por aqueles que concordam com a sua visão, mesmo que isso traga opositores...

...porque esse é o segredo do sucesso da política, futebol, religião e produtos muito bem-sucedidos na história.

Não apenas isso, o próximo tópico é essencial também!

REASON WHY

TRATA-SE DO MOTIVO pelo qual você está se dedicando ao seu projeto ou produto.

Em outras palavras, a sua "missão".

Eu acho isso muito interessante...

Quando adicionamos um porquê, as pessoas se convencem com maior facilidade e até aderem à causa.

Portanto, pegando o exemplo do tema low carb, o seu reason why poderia ser:

"Quero levar a saúde e o emagrecimento a mais gente no Brasil, acabando com a máfia alimentícia, que tenta viciar todos nós com carboidratos, para ganharem mais dinheiro em cima da obesidade"

Ficou muito mais bonito, certo? Por mais que muita gente critique, ainda assim atrairá um número grande de pessoas que concordam com essa afirmação.

Esse "propósito" também contribui para tornar a sua copy mais persuasiva, porque tira aquela sensação de que o vendedor apenas quer o seu dinheiro.

Pense em um motivo bem legal, e use sempre que possível. Torne-o seu mantra. Afinal, pode até ajuda-lo em promoções.

Por exemplo, você baixou para a metade do preço e o motivo é que assim fica mais acessível, contribuindo para que mais gente tenha saúde e se livre das garras da máfia alimentícia.

Quanto mais você repetir, mais as pessoas vão se convencer de que é verdade (por isso sempre fale a sua verdade, mentir é feio).

E uma das formas mais eficazes de fortalecer um reason why é com uma boa história. Vamos entender melhor no próximo tópico...

STORYTELLING

A ARTE DE CONTAR HISTÓRIAS. Uma habilidade milenar do ser humano que é extremamente poderosa no campo da persuasão.

Já é comprovado pela ciência que ouvir histórias causa liberação de oxitocina, o hormônio da felicidade e do amor.

Portanto, antes de pedir para alguém comprar ou doar para você, conte uma história.

Um dos modelos mais populares é a Jornada do Herói, usada no cinema e nos mais diversos livros e biografias. Ele é composto por 12 passos de fácil aplicação que traz um resultado explosivo.

Dentro de uma história, existem dois pontos importantíssimos: o sofrimento e o triunfo final.

Perceba... Ninguém nunca consegue uma vitória fácil. Isso não conecta. Não convence. Harry Potter sofre... Batman sofre... James Bond sofre... Empreendedores fracassam antes do sucesso... Não é coincidência. A história é projetada para justamente ser mais persuasiva.

E sempre tem um inimigo...

INIMIGO COMUM

EU SOU MUITO FÃ DESTA técnica.

É extremamente eficaz e tem um poder de convencimento gigantesco.

Trata-se de "adotar" um inimigo para o seu produto ou empresa. Como assim, Victor?

Simples...

Da mesma forma que gostamos de histórias, gostamos também de um vilão.

Medicina natural luta contra a indústria farmacêutica...

Corinthians tem o Palmeiras de vilão e vice-versa...

Esquerda contra direita...

Jejum intermitente versus Comer de 3 em 3 horas...

Pegou o espírito?

Com um posicionamento claro, fica mais fácil de encontrar um inimigo comum.

Quando você define contra quem você quer "lutar", as pessoas adeptas da sua visão também adotarão esse vilão para a vida delas.

E o Inimigo Comum é tão poderoso que é capaz de cegar as pessoas.

Durante as Eleições 2018 para Presidente do Brasil, o Jornal Nacional trouxe alguns candidatos para entrevista.

Era incrível como cada pessoa que às assistia tinha uma visão completamente diferente da outra, a depender da sua posição política.

O inimigo comum de cada pessoa era tão bem definido, que já acompanhava o programa com uma opinião pré-definida e totalmente imutável. Em resumo... Se você não comprou briga com ninguém, está perdendo uma oportunidade de ouro!

TRANSUBSTANCIAÇÃO

O NOME VEM DA IGREJA Católica, mas o sentido aqui é outro.

Trata-se da técnica de transformar algo ordinário em algo sedutor.

Como assim?

Vamos pegar dividendos como exemplo.

Eu posso dizer:

> *"Vou te mostrar como viver de dividendos".*

Ou posso dizer:

> *"Vou te mostrar como ganhar dinheiro sem trabalhar".*

Claro que investir corretamente dá trabalho, mas você não precisa trabalhar na Grendene para receber os lucros distribuídos da empresa.

Então, eu estou apresentando a mesma coisa, mas com palavras diferentes.

Dividendos é uma palavra chata. Agora, "ganhar dinheiro sem trabalhar" é muito mais interessante, certo?

Muitas pessoas que trabalham com internet usam o termo "ganhar dinheiro enquanto dorme". E isso é verdade, afinal, todas as vendas que acontecem entre as 23h e às 09h acontecem enquanto estou babando no travesseiro (sim, eu durmo muito).

Quem usa transubstanciação sente uma melhora muito grande na conversão, porque atrai a atenção e o interesse quase que instantaneamente.

Agora vamos ver outra técnica muito interessante também, que poucas empresas usam (mas deveriam!).

94

BENEFÍCIO DA VANTAGEM ÓBVIA

VOCÊ JÁ PERCEBEU QUE está escrito "não tem colesterol" em alguns rótulos de óleo?

Pois bem, o ponto é que nenhum óleo vegetal tem colesterol.

Esse é um exemplo da técnica do benefício da vantagem óbvia.

Nem todas as pessoas sabem que não tem colesterol em óleo vegetal, portanto, fabricantes deixam isso explícito como se fosse um benefício daquela marca.

O Leite Ninho tem na embalagem "Fonte de cálcio e proteínas". Todo leite é fonte de cálcio e proteína, mas nem todas as pessoas sabem. Isso faz com que o produto pareça ter um diferencial, ajudando a aumentar as vendas.

E não há nenhuma mentira: o Ninho não disse que é o único, simplesmente disse que tem cálcio e proteína.

Qual vantagem óbvia o seu produto ou serviço tem que você não está explorando?

Não perca isso de vista, ok?

MONTANHA EM UM POLDER HOLANDÊS

EU LI SOBRE ESSA TÉCNICA em um livro de copywriting europeu, por isso a peculiaridade de usar um pôlder na metáfora.

Qual é a ideia?

Pôlder é uma porção de terra plana encontrada em Países Baixos como a Holanda. Nesses pontos, tudo é muito igual.

Reto. Sem grandes mudanças. Mesmice total.

E quando um argumento de vendas é assim, sem novidades, ele perde o brilho.

As pessoas abandonam o vídeo, param de prestar atenção, deixam de ler... Não empolga.

Por isso, é importante colocar uma montanha em um pôlder holandês, que significa incluir algo que mude o panorama geral.

Um desafio. Um problema. Uma história. É importante mexer com as emoções, fazer o prospect imaginar mudanças, visualizar possibilidades.

Resumindo, é tirar as pessoas da zona de conforto, do piloto automático, e trazer uma dose de aventura durante o seu argumento de vendas, artigo ou vídeo.

MELHORES DESEJOS PARA VENDA

DENTRE TODOS OS MOTIVOS que temos para realizar alguma compra, sem exceção, passam por algum destes 4 desejos.

São eles: aceitação, reconhecimento, admiração e amor.

"Victor, quero comprar um livro. Isso se encaixa em qual desejo?"

Depende...

Se você quer ler para ficar mais inteligente, pode estar buscando maior reconhecimento profissional.

Ou, então, admiração dos familiares e amigos de trabalho.

Um apartamento pode significar a busca por reconhecimento ("Tenho um imóvel!") ou ainda amor ("Um cantinho para a minha familia").

"Quero comprar um remédio!"

É por amor... Amor próprio, amor pela sua família.

Não falha. Até mesmo a compra de um tempero pode significar "Quero que a minha sogra me aceite como uma pessoa capaz de cuidar do filho dela".

Lembra do benefício profundo? Entra muito aqui quando falamos desses 4 desejos.

Entendendo qual deles você vai trabalhar com mais foco em sua copy, toda a sua comunicação será mais bem planejada para obter o máximo de persuasão.

ANCORAGEM DE PREÇO

ESTA É UMA ESTRATÉGIA muito popular e comum no dia a dia.

Nada mais é do que, antes de falar o preço real, colocar um preço fictício na cabeça do prospect.

O clássico "De X por Y" é um exemplo. Porém, podemos ser mais criativos...

Uma das minhas formas favoritas de usar essa técnica é soltar valores ao longo da minha argumentação de vendas que sejam maiores do que o preço do produto.

Digamos que um personal trainer vá lançar um programa de treinamentos por R$200.

Ele pode dizer que já teve cliente pagando R$1.000.

Falar que fez curso que custa R$3.000.

Contar que a sua hora é R$ 300.

Tudo isso de forma natural ao longo da conversa, do texto ou do vídeo, porque esses valores vão entrar no subconsciente do prospect.

Quando você fizer o pitch e for falar o preço, a pessoa vai pensar: "Putz, teve cliente pagando R$ 1.000. Ele gastou R$ 3.000 em um curso aí. Vai custar uma bala esse programa de treinamento dele!".

Então, quando você fala que é somente R$200, passa a percepção de estar barato.

Em vez de fazer o clássico "De X por Y", ancore preços de maneira natural ao longo do seu script.

99

MECANISMO ÚNICO

VOCÊ TEM UMA USP.

Tem um Posicionamento.

Falta um Mecanismo Único. O que é isso?

Simples: é o fator que diferencia o seu produto de todos os concorrentes. TODOS.

SEM EXCEÇÃO.

Toda copy precisa dar esperança ao prospect de que o problema pelo qual sofre será resolvido.

Se o seu produto for mais do mesmo, será difícil convencer.

O argumento "O meu é melhor" não funciona, porque "melhor" significa que o seu produto é uma versão diferente daquilo que não funciona.

Agora, o argumento "O meu tem algo que os outros não têm, por isso o meu funciona e os outros, não" é muito mais persuasivo e convincente.

Então, como encontrar esse mecanismo único?

A Clear, empresa de xampu anticaspa, usa o termo Bio Booster como o seu mecanismo único contra as caspas.

Outros xampus podem ter ativos similares, mas nenhum tem Bio Booster. É único.

Quem faz isso com maestria é a Polishop.

Todo produto deles tem um mecanismo único forte, que explica o porquê a tecnologia é tão avançada e eficaz.

Mesmo quem não cozinha, quer comprar algum eletrodoméstico da empresa!

"Victor, eu trabalho com conhecimento, cursos, eventos".

Também pode pensar em mecanismo único!

Por exemplo, curso de idiomas pode se diferenciar de diversas formas.

"MusicLnr: O único que ensina inglês com músicas";

"Método No Grammar: O único em que você aprende inglês sem aprender gramática";

"English60: O único curso de inglês focado em idosos, feito por quem entende os desafios daqueles que passaram dos 60 anos".

E, claro, sempre criar um nome para o seu método, dando vida ao seu mecanismo único.

Aqui requer 2 pontos: conhecer bem o público e ser criativo para encontrar uma brecha no mercado.

O que não pode é lançar mais do mesmo e dizer que o seu é "melhor", porque isso não é o suficiente.

4 US DA HEADLINE

VAMOS MUDAR RAPIDAMENTE de assunto...

Headlines são as chamadas ou títulos antes de um texto, vídeo ou argumento de vendas.

Ela é parte importante do processo de persuasão, porque serve para capturar a atenção do prospect e gerar interesse no que vem a seguir.

Uma forma de saber se a sua headline está boa é vendo se ela se encaixa nos 4 Us, que são:

- Urgente;

- Ultraespecífico;

- Útil;

- Único.

Vamos ver na prática...

"A massagem mais eficaz para acabar com a queda de cabelo em apenas 14 dias, sem remédios ou cremes".

- É urgente? Sim, quem está com queda de cabelo não pode esperar muito para que se busque uma solução;

- É ultraespecífico? Sim, porque deixa claro o que é, o que não é, e o tempo que vai levar para surtir efeito;

- É útil? Muito! Quem sofre com queda de cabelos vai querer se informar sobre essa "massagem mais eficaz";

• É único? Não há nenhuma outra headline que prometa o mesmo.

Pronto! Você criou uma chamada que tem todos os atributos para fazer sucesso.

Teste, modifique, peça opinião de outras pessoas... Uma boa chamada nem sempre vem de cara.

E agora que você vai conhecer os gatilhos mentais, ficará mais fácil ser persuasivo.

VAMOS LÁ?

GATILHOS MENTAIS

ESTE É UM DOS TEMAS mais populares quando alguém começa a estudar Copywriting. Gatilhos mentais acabam sendo quase que relacionados a "magia". Muitos chamam de "palavras hipnóticas".

Desculpe, mas é um exagero.

Gatilhos são atalhos mentais que usamos para tomar decisões sem ter que racionalizar. Se nós tivéssemos que decidir tudo no nosso dia a dia, ficaríamos malucos. Usamos esses atalhos como questão de sobrevivência.

Robert Cialdini escreveu o maravilhoso livro As Armas da Persuasão em que apresenta os principais gatilhos mentais, e como nos defendermos deles. Porém, também aprendemos como usá-los em nosso marketing.

O mais legal é que como trata-se de uma ferramenta do nosso inconsciente, é extremamente eficiente para persuadir o seu público.

Os gatilhos mentais trazidos pelo Robert são:

- Reciprocidade;

- Compromisso e Coerência;

- Aprovação Social;

- Afeição;

- Autoridade;

- Escassez.

Existem diversos outros como urgência e evento. Porém, dominando inicialmente esses principais, já terá um bom ponto de partida.

Por exemplo, o gatilho da Prova Social pode ser visto em nossa decisão por um restaurante.

Você vê dois concorrentes lado a lado. Um cheio de gente comendo feliz e outro, vazio. Instantaneamente, qual preferiria ir?

No que está cheio! Afinal, se tem bastante gente lá, significa que é bom, aprovado.

Esse é um atalho para tomarmos uma decisão rápida. Isso pode ser manipulado.

Alguns restaurantes colocam os clientes na entrada para parecer que está cheio, e quando o cliente entra, percebe que dentro está bem vazio.

Outro ponto a se observar: por que a maioria dos filhos torce para o mesmo time de futebol do pai?

Porque o pai é uma autoridade para a criança, então desde pequeno confia e acredita no que é dito: "Filho, o melhor time é esse aqui.".

A criança absorve facilmente essa informação, porque o herói é o seu pai e a criança ainda não questiona.

Além disso, se o pai e a mãe estão na sala torcendo, não deixa de ser uma grande prova social para o pequenino de que o determinado time é querido.

São nas pequenas ações do dia a dia que nós percebemos como os gatilhos são silenciosos.

Agora vamos ao próximo tópico das bases do Copywriting.

VICTOR PALANDI

*É UMA FORMA DE TURBINAR A AUTORIDADE
RAPIDAMENTE...*

ESTRATÉGIA SUBIR NO OMBRO DE GIGANTES

MUITA GENTE ME PERGUNTA: "Como mostrar que sou uma autoridade se ninguém me conhece?"

Além de diplomas e currículo, você pode usar da autoridade de outras pessoas para impulsionar a sua.

Por isso o nome "subir no ombro de gigantes".

Vamos supor que você trabalhe com Coaching...

É possível se aliar a outros coaches para ganhar a confiança de quem confia neles.

Pode ser em entrevista, live, artigo como convidado no blog... O importante é a autoridade te apresentar para a audiência dela.

Assim, quem confia naquele Coach vai confiar em você porque ele recomendou.

Dessa maneira, você consegue ganhar um público grande rapidamente.

E não precisa ser apenas grandes autoridades...

Se você fizer uma live no Instagram com quem tem 1000 seguidores, já são aí centenas de pessoas que vão ver os stories e conhecer o seu trabalho.

É basicamente o que acontece na política, quando um peixe grande lança o seu candidato.

ESSA ESTRATÉGIA É OURO!

CALL TO ACTION

CALL TO ACTION, OU chamada para ação, nada mais é do que convidar a pessoa a tomar alguma atitude.

Parece básico, mas muita gente esquece ou tem vergonha.

Eu gosto sempre de usar mendigo de exemplo. Não entendeu?

Vamos imaginar um morador de rua querendo dinheiro para comprar comida.

Na primeira situação, está sentado no canto dele. Você olha de dentro do carro e fica com dó.

Quais são as chances de abrir a porta, ir até ele, dar uma nota de 2 reais e voltar para o carro?

Chance zero!

Agora, se ele for até você e fizer uma chamada para ação:

"Me dê um dinheiro para eu comer, por favor!"

As chances de você doar algo são muito maiores.

O mendigo fez uma chamada para ação pedindo dinheiro para você.

Não espere que as pessoas tomem uma atitude por livre e espontânea vontade.

Peça a elas:

"Compre agora."

COPYWRITING DESCOMPLICADO

"Faça a sua inscrição."

"Baixe este e-Book gratuito."

"Adquira o seu ingresso para o KopyFest."

Deixe a timidez de lado e fale com convicção o que você quer que o receptor faça!

Clareza é essencial para potencializar as conversões.

TESTE "E DAÍ"

ESTE É UM DOS TESTES que mais gosto de fazer.

Muitas vezes nos esquecemos de que a comunicação toda deve trazer algum tipo de benefício para o leitor.

O "E daí" vem para nos guiar durante a escrita, de forma que fique claro como aquela determinada informação é útil ao prospect.

Como funciona? Vamos imaginar o seguinte...

Você escreveu que low carb é a dieta que mais queima gordura.

Então, você aplica esse teste:

"E daí que low carb é a dieta que mais queima gordura?"

Você responde:

"Isso significa que você vai perder mais peso em menos tempo, ficando mais esbelta e elegante rapidamente"

Percebe como esse simples "E daí" permite que você seja mais assertivo na vantagem para o prospect?

Outro exemplo...

"Buy and Hold é a estratégia mais segura de investimentos".

E daí?

"Ou seja, você vai ganhar dinheiro com menos riscos, sem se preocupar em ver o seu patrimônio diminuir ao longo dos anos".

Pronto! Ficou muito mais persuasivo.

Uma simples informação pode não deixar clara a vantagem para a pessoa.

Quanto mais explícito for, menor é a margem para dúvida.

Observação: não estou defendendo low carb ou buy and hold. São apenas exemplos. ;)

CUB REVIEW

INFELIZMENTE, NENHUMA copy sai bem-feita de primeira. Sempre é importante fazer ajustes.

E um dos modelos de revisão é o CUB, que vem do inglês:

- Confusing (Confuso);

- Unbelievable (Inacreditável);

- Boring (Chato).

Consiste em você reler tudo o que escreveu, vendo se cada frase ou parágrafo esbarra em algum desses 3 pontos.

Se você não entendeu direito, ficou confuso, então,precisa de mudança...

Se você leu, mas não confiou muito, ficou inacreditável, então, precisa de provas (lembra dos 3 tipos?)...

Se você leu, mas deu vontade de parar, ficou chato, então, precisa reescrever para tornar mais interessante.

E quando você não sabe qual texto vai dar mais resultados? Aí vem os testes...

TESTE A/B

COPYWRITING É ENGRAÇADO... Você nunca sabe o que vai dar mais resultados. Às vezes, você escreveu um baita texto e quando põe para jogo, uma copy mais simples gera mais resultados.

Você só vai saber o que funciona melhor para o seu negócio quando fizer testes.

O Teste A/B é o ato de pegar uma copy (A) e desafiar outra copy (B).

A vencedora se torna a "titular", que vai enfrentar outro teste.

Assim, sempre estará melhorando a sua comunicação e gerando mais resultados.

Por exemplo, o que vai gerar mais vendas:

Colocar "Compre Agora" ou "Garanta o seu Ingresso" no botão?

Não sei, apenas testando para saber.

Pode ser que um deles gere 5% a mais de conversão. No fim, de 5% em 5%, você dobra o seu faturamento. Testes são valiosíssimos!

CHECKLIST DE OFERTA

OFERTA É A APRESENTAÇÃO da sua oportunidade. Pode ser o processo de venda de um produto ou o pedido de doação para uma ONG.

Em outras palavras, é quando você traz motivos para a pessoa dar dinheiro a você em troca de algo.

Como saber se a sua oferta está persuasiva? Eu sigo um checklist que você pode usar também:

Específica: Toda oferta tem que ser certeira, sem dar margem para interpretações. Portanto, quanto mais específica, mais fácil de entender.

Deixe claro o que está vendendo, como funciona o produto ou serviço, e o que vai receber.

Exclusiva: Exclusividade aumenta o valor percebido de uma oferta. Por exemplo:

"Desconto especial para clientes" deixa esse público se sentindo mais agradecido.

"Oportunidade especial para estudantes" faz com que eles se sintam mais privilegiados.

Valiosa: Incremente valor em sua oferta para que a sensação do prospect seja de que está recebendo muito mais do que está pagando.

Você pode tornar uma oferta valiosa colocando bônus, por exemplo.

O importante é que ela sinta que está ganhando nesta equação, assim te pagará com alegria.

Única: Ofertas que não estão disponíveis qualquer dia e horário costumam converter mais.

É o caso, por exemplo, de uma oferta de Black Friday. É a única por ano.

Promoção de aniversário também, porque a empresa só comemora uma vez a cada 365 dias.

Isso gera sensação de urgência: "Se eu não aproveitar essa oportunidade, vou ter que esperar muito tempo!".

Útil: Claramente, a oferta deve ser útil ao prospect. Não adianta ofertar um xampu para cabelo com frizz a uma pessoa careca!

Relevante: A oferta também deve ter um alto grau de relevância para, assim, ser mais certeira. De que adianta apresentar uma promoção de churrascaria a pessoas veganas? Não é relevante para esse público!

Plausível: Propostas exageradas costumam ativar um alerta na mente do prospect.

É importante que o que você fala seja crível. Uma forma muito simples de fazer isso é usando os tipos de provas que já discutimos neste capítulo.

Provar que tem clientes na sua empresa e o que você está ofertando é verossímil fará com que tenham mais confiança.

Fácil de comprar: Também é importante eliminar todo e qualquer obstáculo relacionado à compra.

Não peça informações irrelevantes, como endereço físico caso o seu produto seja digital.

Quanto mais complicado ou demorado for o processo, mais desistência terá. Facilitando a vida do usuário, você verá aumento no número de transações.

Urgente: Nós temos a mania de procrastinar, certo? "Amanhã eu compro!", e esse amanhã se torna nunca.

Então é essencial que traga algum empurrãozinho extra para a pessoa finalizar a compra.

"Só hoje!", "Não voltarei a fazer esta promoção!" e assim por diante.

Garantia: Por fim, dar segurança ao prospect é essencial. E a garantia faz muito bem esse papel.

"Você tem 7 dias depois do recebimento do produto para decidir se a sua compra valeu ou não a pena". Assim, caso esteja em dúvida, ela ficará mais tranquila e finalizará a compra.

Não tenha medo das pessoas mal-intencionadas. Elas são minorias.

Entenda que a garantia dá mais confiança e mostra toda a sua convicção de que o produto é para ela.

ESTRUTURAS DE PERSUASÃO

PARA FECHAR ESTE CAPÍTULO recheado de conteúdo (eu sei, sua cabeça deve estar explodindo), vamos falar sobre modelos que comprovadamente são persuasivos.

Um dos mais simples é o P.A.S. Consiste em apresentar um Problema. Agitar, ou seja, trazer novas perspectivas do porquê é tão ruim ou perigoso. E encerrar apresentando uma Solução, que nada mais é do que o seu produto ou serviço.

Por exemplo:

Problemas - Obesidade leva a hipertensão, diabetes e outras doenças;

Agitação - Quanto mais obeso, piores são os problemas, e quanto mais tempo levar para resolver, mais difícil fica de recuperar;

Solução - Tenho um programa de emagrecimento que vai eliminar seu peso extra em X dias, sem precisar de dieta;

Existe também o modelo A.I.D.A.:

- Atenção;

- Interesse;

- Desejo;

- Ação.

Ele é muito utilizado em vídeos e artigos. Eu mesmo gosto bastante!

Outro modelo muito popular é o A.C.C.A, comum em campanhas de arrecadação de doações.

Pronto para ser um copywriter?

Parte 5

Parte 5

TODO MUNDO DEVE SER COPYWRITER!

TODOS NÓS TRABALHAMOS com palavras.

Precisamos convencer um cliente. Um chefe.

Escrever um panfleto. Uma carta de recomendação.

Redigir um roteiro de vídeo. De podcast.

Não importa qual seja a sua profissão: você deve utilizar copywriting no seu dia a dia para obter maiores resultados.

Dessa forma, quero que, a partir de agora, você comece a se ver como copywriter também, principalmente porque teve acesso a todas as técnicas que compõem a base dessa arte.

Atualmente, minha mente trabalha 100% do tempo com tudo o que apresentei a você. É instintivo. Natural. Porque eu me dedico a isso.

Vejo um vendedor, e analiso cada palavra, argumento e tentativa de me persuadir.

Percebo como a teoria se aplica na prática e como isso reflete em mim.

Esse é até um ponto engraçado...

Muita gente pensa que eu sou blindado das técnicas, mas longe disso... Eu sou tão normal quanto qualquer outra pessoa.

Recentemente, comprei uma carteira Victorinox. Por mais que eu não queira assumir, foi por status. Afinal de contas, eu poderia ter qualquer carteira, não necessariamente uma de marca.

Escrever este livro é parte da minha busca por admiração e reconhecimento na área.

Vez ou outra, eu caio na pressão das pessoas que ativam o gatilho da urgência para que eu tome uma decisão mais rápida sobre determinado tema.

E por que é tão difícil assim "blindar-se"?

Porque copy é muito forte. Muito poderoso. São técnicas que atuam no inconsciente, sabendo você racionalmente que elas existem, ou não.

Por isso, é muito importante ter ética e cautela quando trabalhamos com copywriting. Estou te dando aqui, neste livro, informações muito poderosas. Use com hombridade.

VOCÊ ACEITA, ENTÃO, O CHAMADO PARA SER UM COPYWRITER?

ONDE APLICAR COPYWRITING?

DEPOIS DE TER VISTO tantas técnicas e estratégias, talvez você possa estar se perguntando: "E o que fazer com tudo isso?". Tudo o que você aprendeu pode ser aplicado nas mais diversas mídias e formatos:

- E-mail;

- Carta de vendas;

- Vídeos;

- Artigos;

- Podcasts;

- Panfletos

- Advertorial

- Palestras;

- Venda

E POR AÍ VAI!

Por exemplo, você trabalha com disparo de e-mails. Como aplicar?

Comece pela headline... Se o seu e-mail não for aberto, ele não será lido, logo, use os 4 Us pra garantir que o seu título esteja chamativo.

Dentro do e-mail, ative gatilhos mentais para aumentar o seu poder de persuasão.

Para aumentar a taxa de cliques, coloque chamadas para ação (Call to Action):

"Clique aqui e acesse o site agora"

"Compre o seu ingresso agora"

"Ligue para a nossa central"

Percebe? Vamos imaginar uma carta de vendas...

É importante ganhar a atenção do prospect no inicio. Para isso, vai precisar traçar bem o seu público-alvo e decidir qual vai ser o seu posicionamento na copy.

Inclusive, é importante que você defina qual é o nível de consciência das pessoas com as quais quer trabalhar.

Ao longo da carta de vendas, elimine os 4 obstáculos principais de toda venda, que já analisamos por aqui. Use os 3 tipos de provas para ganhar confiança.

Conte história (storytelling), apresente um inimigo comum e ancore preços na mente da audiência.

Deixe claro quais são as características e os benefícios do seu produto ou serviço, e deixe o benefício profundo implícito, de maneira silenciosa.

Lembre-se: venda sabedoria, não informação. E trabalhe a dor e o prazer.

Percebe como tudo acaba se conectando?

Com essa base de Copywriting, você pode aplicar hoje mesmo em seu negócio e já começar a ver resultados. As pequenas mudanças, em conjunto, são capazes de grandes transformações.

Não se esqueça de, ao fim da escrita, fazer o Teste "E daí" e o CUB Review, além de preencher o Checklist de Oferta.

Por fim, entenda que copywriting serve para outros fins, além de vendas. Você pode usar as técnicas para convencer o seu marido ou esposa a tomar alguma ação específica, por exemplo.

Por esse motivo, acredito que todos devemos abraçar a ideia de sermos copywriters, já que em qualquer situação temos a possibilidade de usar essas estratégias de persuasão.

E para quem quer trabalhar com Copywriting, como anda o mercado?

VAMOS ANALISAR AGORA MESMO!

MERCADO DE COPYWRITING NO BRASIL

———

TODA EMPRESA QUER VENDER mais.

A idéia de você poder aumentar as suas vendas a partir da comunicação persuasiva é muito sedutora ao empreendedor.

Porém, o termo Copywriting ainda é pouco conhecido.

Então, uma das formas de atrair clientes é explicando de uma forma mais clara.

Por exemplo, "especialista em comunicação para vendas". Fica mais fácil de entender e convencer o cliente.

Depois que comprar a ideia, vale a pena apresentar o termo Copywriting para que ele se familiarize.

A boa notícia é que o mercado on-line está crescendo bastante. Em grande parte, pela contribuição de empresas como a Monetizze.

Para quem não a conhece, é uma plataforma de venda de infoprodutos e produtos físicos.

Qualquer pessoa pode cadastrar um produto por lá e começar a vender, aceitando cartão de crédito e boleto.

A grande vantagem é que não custa nada, em primeiro momento. Eles ganham recebendo uma parcela sobre a venda. Então, você só paga a Monetizze se vender. Todos ganham nessa equação.

Com ela, você é capaz de automatizar processos, como envio de SMS para quem imprimir boleto.

Também consegue criar cupons e acompanhar uma série de métricas facilmente, agilizando a nossa vida.

O grande pulo do gato é a questão de Afiliados. Qualquer pessoa pode ter revendedores que ganham por comissão.

Então, imaginemos que você se torne afiliado do KopyFest, o nosso evento anual de copywriting. Para cada venda que realizar, ganhará uma comissão.

E a própria Monetizze faz a partilha dos ganhos, de maneira automática. Assim, o produtor não precisa transferir para o afiliado.

Por conta disso, cada vez mais pessoas têm precisado de copywriters! Tanto produtores, que querem lançar produtos com grande possibilidade de vendas e poder de persuasão, quanto afiliados, que querem vender os produtos de outras pessoas e ganhar bastante dinheiro.

Quando eu tinha Agência, lidei com uma série de clientes que trabalham com a plataforma Monetizze.

Alguns pediam para produzir e-mails de conversão, outros queriam cartas de vendas e artigos, e ainda tinham aqueles que pediam roteiros de vídeos para divulgar algum produto pelo YouTube.

A verdade é que a habilidade da persuasão ainda é bem restrita. Logo, bastante gente precisa desse serviço, o que é uma boa notícia para quem deseja seguir a carreira de Freelancer.

A Fantastik, minha empresa, já colocou 8 produtos no topo de vendas da plataforma. E posso garantir que sem as técnicas de Copywriting, isso não seria possível.

Então, temos em mãos um tipo de serviço essencial para o empreendedor. Agora vem o desafio... Como precificar esse trabalho?

COPYWRITING DESCOMPLICADO

Você vai se surpreender com o jeito certo de pensar o preço do serviço de copywriting, tema do próximo capítulo.

Mas antes, conseguimos realizar uma entrevista exclusiva com a Monetizze.

Confira!

ENTREVISTANDO A MONETIZZE

O QUE É A MONETIZZE?

R: A MONETIZZE É UMA plataforma de pagamentos on-line com sistema de afiliados, onde você coloca o seu serviço ou produto, sendo físico ou virtual, para venda e define uma comissão para quem for divulgar o seu produto. Se essa pessoa vender, ganha a comissão que você definiu.

COMO A MONETIZZE AJUDA NEGÓCIOS DO BRASIL INTEIRO?

R: ELA AJUDA NEGÓCIOS do Brasil, com um diferencial: garantindo a segurança entre as três pontas; produtor, afiliado e comprador.

Para o comprador, Monetizze garante que ele vai receber o produto, seja virtual ou físico, e caso não receba estornamos o valor, ação que garante segurança na transação.

Para o produtor, Monetizze fornece uma rede de afiliados que o ajuda a aumentar as vendas.

Para o afiliado, Monetizze garante que vai receber a comissão da venda pelo produto, mesmo que não conheça o produtor, garantimos que, se indicar um comprador, ganhará essa comissão.

Mesmo na época da crise do Brasil, período em que Monetizze foi criada, a empresa só cresceu, porque foi o momento em que o pessoal saiu dos trabalhos formais e foi em peso para internet, para empreender.

Essas pessoas conheceram a Monetizze e, assim, aumentaram seu faturamento com vendas on-line.

QUAL DICA A MONETIZZE DÁ PRA QUEM QUER VENDER MAIS?

R: SE VOCÊ QUISER VENDER mais, a melhor dica que dou é estudar bastante sobre vendas on-line, sobre como divulgar o seu produto e principalmente sobre o seu público-alvo. Entenda quem é a pessoa que quer atingir e vender o seu produto. Aprender também a trabalhar com afiliados é muito importante, para isso forneça um suporte muito bom para seus afiliados, porque, normalmente, quando entram no seu produto não o conhecem muito bem e querem mais informações para divulgar. Então, os ajude a conhecer mais do seu produto, pois isso ajuda nas vendas.

HORA DE ABRIR O JOGO... O QUE OS MAIORES VENDEDORES DA MONETIZZE FAZEM PARA ALCANÇAR RESULTADOS GIGANTESCOS?

R: PRATICAMENTE O QUE os maiores vendedores da Monetizze fazem, e o que dá mais destaque, é quebrar o mito de que ganhar dinheiro na internet é fácil. Muita gente acha que ganhar dinheiro na internet é simples.

Na verdade, é possível sim ganhar muito dinheiro na internet, mas não é nada fácil, requer muita dedicação, trabalho e esforço, então você tem que ter horas de trabalho, estudos e testes.

Esse pessoal testa e investe muito tempo nisso, eles também estudam bastante, fazem diversos testes para descobrir como aumentar a venda em cada 0,1% , fazem teste A/B e tem muito estudo atrás dos resultados gigantescos. Então, aquele mito, que tinha antigamente, que é fácil ganhar dinheiro trabalhando de casa, na verdade é possível, mas você tem que trabalhar muito e os que mais se dedicam possuem maior resultado.

QUAL É O PRINCIPAL ERRO QUE VOCÊ IDENTIFICA QUE EMPREENDEDORES COMETEM RELACIONADO A VENDAS?

R: UM DOS PRINCIPAIS erros que eu vejo que os empreendedores cometem relacionado a venda é achar que a venda acaba simplesmente na transação financeira, onde o cliente passa o cartão e compra. Na verdade, ali você está iniciando a sua venda, então é muito importante você ter um bom relacionamento com o seu cliente. Se você é empreendedor na área de vendas on-line, ou até mesmo off-line, isso serve para todos, lembre-se de que, quando o seu cliente chega e compra um produto, nesse momento você está iniciando um relacionamento com ele e não o está finalizando. Afinal, ele pode te indicar para outras pessoas ou querer comprar novamente.

É importante que o atendimento seja bem transparente e honesto, e que o cliente seja muito bem atendido e tratado com respeito.

Quando você fizer isso vai ver que os resultados aumentam exponencialmente.

POR QUE ALGUNS PRODUTOS DA MONETIZZE VENDEM MUITO, ENQUANTO OUTROS MUITO PARECIDOS NÃO VENDEM?

R: O MAIOR DIFERENCIAL, além da dedicação dos produtores que vendem mais comparado aos que vendem pouco, é conhecer o seu público-alvo. Aquele cara que entende de marketing digital que conhece o público para qual está falando, que quer vender o produto dele, alcança muito mais vendas do que a pessoa que só divulga o produto por si só, somente para tentar alcançar venda. O ideal é você conhecer bem o seu público-alvo, como é aquela pessoa, como se comunicar com ela, como que ela fala, como ela interage, como navega na internet. Quando mais você conhecer o seu consumidor mais fácil fica de você vender para ele, de mostrar que o seu produto é interessante. Também saber onde o seu consumidor está e como alcançá-lo é muito importante.

EU FUI UM DOS PRIMEIROS CLIENTES DA MONETIZZE, TALVEZ UMA DAS PRIMEIRAS VENDAS. COMO VOCÊS DECOLARAM EM TÃO POUCO TEMPO? QUAL FOI O SEGREDO DO SUCESSO EXPLOSIVO?

R: A GENTE ATRELA O sucesso da Monetizze, em tão pouco tempo, ao bom relacionamento com nossos clientes. Sempre focamos nos clientes e não nas vendas e no resultado financeiro. Monetizze sempre teve um setor de relacionamento, em que procuramos atender os nossos clientes e suprir suas necessidades, ouvi-los e dar soluções para o mercado.

Ouvimos os clientes e procuramos entender do que precisam, independentemente se o cliente vende 1.000 reais, 700 reais ou nada. Então o que cada um vende na plataforma não faz diferença na forma de atender.

Se o cliente procurou a gente, é porque precisa de ajuda. Dar uma solução é o que é importante para nós. O cliente satisfeito com a plataforma gosta de nós e, com certeza, vai nos indicar. Se ele não vende agora, futuramente quando vender, vai optar pela Monetizze.

Nossa ideia sempre foi a de dar solução para o mercado. O melhor jeito de dar solução para o mercado é ouvir o cliente e dar para ele liberdade de contar o que realmente precisa. Então, o segredo da Monetizze é o bom relacionamento com clientes.

DE QUE FORMA A MONETIZZE PODE AJUDAR MEUS LEITORES A VENDEREM MAIS?

R: A MONETIZZE PODE ajudar de diversas formas, inclusive por meio de nossa rede de afiliados, caso você seja um produtor. Se for afiliado, pode contar com a nossa grande gama de produtos.

Se tiver alguma dúvida pode procurar o nosso suporte. Cadastre-se na Monetizze e, se for afiliado, vá até a aba loja e veja os produtos disponíveis. Se você for produtor, vá até o menu produto e cadastre o seu produto. Nós podemos te ajudar a alcançar um grande volume de vendas.

MOMENTO DE VOCÊS... O QUE QUEREM DEIXAR DE MENSAGEM PARA O LEITOR?

R: O RECADO QUE EU queria deixar para os leitores é que, se você tem um objetivo na vida, seja qual for, lembre-se não é uma questão de SE, mas QUANDO. Não é se vai dar certo, mas é quando vai dar certo.

Pense se você quer que aquilo aconteça, acredite que vai acontecer. Não é uma mensagem motivacional, mas é uma mensagem que eu levei para vida e é urna frase que eu falei quando Monetizze estava começando: "eu acreditei e deu certo".

Por que que eu falo isso? Porque se você colocar na sua mente que não é urna questão de SE, mas QUANDO você vai focar todas as usas energias para que aquilo aconteça, porque você sabe que vai acontecer, e se sabe que vai acontecer, vai dar soluções para os problemas que aparecem no seu caminho.

Então foque nisso: se você tem um objetivo não pense em SE, mas QUANDO vai acontecer. Caso apareça um obstáculo, tenha tranquilidade, que você vai superar, se não for hoje será amanhã, mas vai dar certo.

PRECIFICAÇÃO DOS SERVIÇOS DE COPYWRITING

COPYWRITER NÃO DEVE COBRAR POR HORA. NUNCA. JAMAIS.

———

E O MOTIVO É BEM SIMPLES... O cliente deve perceber o valor no serviço, e pagar pelos resultados que vai obter com a copy. Por exemplo, vamos imaginar que o Fulano está faturando R$ 100 mil por ano com a carta de vendas atual.

Com a sua carta de vendas, é possível que ele fature R$ 150 mil por ano.

E você vai levar somente quatro horas para escrever.

Em uma conta de padaria, supondo que custe R$ 30 a sua hora, você ganharia R$ 120 pelo serviço.

Porém, você concorda comigo que o seu serviço vale muito mais? Ele estará ganhando R$50 mil a mais por ano por sua causa. Você pode cobrar R$ 5 mil tranquilamente, porque ele ainda estará tendo um lucro enorme.

Então, concluímos que a precificação não deve ser por "tempo de trabalho", mas pelo "impacto do trabalho".

Faz sentido para você? E como projetar esse ganho extra que o cliente vai ter? Isso é bem relativo... Veja qual é o preço do produto. Dê uma olhada no quanto vende atualmente. Analise o mercado e o potencial de crescimento. Converse com o seu cliente e alinhe expectativas.

Nos Estados Unidos, existem copywriter que cobram, literalmente, milhões por uma carta de vendas, porque o cliente vai receber milhões pela venda do produto.

Lá é bem comum também o copywriter receber um percentual das vendas, porque, assim, o cliente garante que o profissional vai se esforçar ao máximo para criar uma copy que venda bastante.

Uma boa forma de você começar é encontrando algum especialista para criar um produto muito bom que aceite sociedade.

Assim vocês racham meio a meio: a pessoa fica responsável pelo produto e suporte, e você, pela comunicação em geral.

Dessa forma, poderá testar todas as técnicas, analisar, alterar e ter um case para apresentar aos clientes.

O nome desse formato de trabalho é coprodução.

Conclusão

Final

E ESSE É APENAS O COMEÇO!

CHEGAMOS AO FIM...

Porém, saiba que esse é apenas o começo da estrada. Se você gostou de Copywriting. é possível ser aprofundar em uma série de outros temas.

O que eu mais amo é que todo dia aprendo algo novo.

Também muito me alegra ver técnicas de Copywriting serem usadas nos mais diversos nichos, comprovando que todos só tem a ganhar quando exploram suas habilidades de comunicação persuasiva.

A boa noticia é: podemos continuar juntos!

Quero agradecer a você por ter chegado até aqui. E vou deixar a seguir o meu e-mail pessoal caso queira me enviar suas críticas, sugestões, convites ou pedidos:

victorpalandi@gmail.com

Me acompanhe também pelo Instagram.

Te desejo muito sucesso nessa caminhada e sigo à disposição para auxiliá-lo no que precisar.

Um grande abraço,

Victor